échange 1

livre de l'étudiant

Carolyn Burch
Lol Briggs

OXFORD
UNIVERSITY PRESS

OXFORD
UNIVERSITY PRESS

Great Clarendon Street, Oxford OX2 6DP

Oxford University Press is a department of the University of Oxford.
It furthers the University's objective of excellence in research,
scholarship, and education by publishing worldwide in

Oxford   New York

Auckland Bangkok Buenos Aires Cape Town Chennai
Dar es Salaam Delhi Hong Kong Istanbul Karachi Kolkata
Kuala Lumpur Madrid Melbourne Mexico City Mumbai
Nairobi São Paulo Shanghai Taipei Tokyo Toronto

Oxford is a registered trade mark of Oxford University Press
in the UK and in certain other countries

© Carolyn Burch and Lol Briggs 2004
Encore pages © Sue Finnie
En plus pages © Danièle Bourdais
Lecture pages © Véronique Bussolin

The moral rights of the authors have been asserted

Database right Oxford University Press (maker)

First published 2004

All rights reserved. No part of this publication may be reproduced,
stored in a retrieval system, or transmitted, in any form or by any means,
without the prior permission in writing of Oxford University Press, or as
expressly permitted by law, or under terms agreed with the appropriate
reprographics rights organization. Enquiries concerning reproduction
outside the scope of the above should be sent to the Rights Department,
Oxford University Press, at the address above

You must not circulate this book in any other binding or cover
and you must impose this same condition on any acquirer

British Library Cataloguing in Publication Data

Data available

ISBN 0 19 912467 1

10 9 8 7 6 5 4 3 2 1

Typeset in Legacy Sans and Legacy Serif

Printed in Italy by Rotolito Lombarda

Acknowledgements

The publishers would like to thank the following for permission to reproduce photographs: p.7 (3) Yann Arthus-Bertrand/Corbis UK Ltd., (1) Bernard and Catherine Desjeux/Corbis UK Ltd., (2) Hubert Stadler/Corbis UK Ltd., (4) Michael T. Sedam/Corbis UK Ltd.; p.14 (top, middle & bottom) Dick Capel-Davies; p.21 (left) Patrick Sheándell O'Carroll/PhotoAlto, (centre left) Rolf Bruderer/Corbis UK Ltd., (centre right) Jenny Camons/Peter Swift, (right) Roy McMahon/Corbis UK Ltd.; p.25 (bottom) Dick Capel-Davies; p.27 (left) Robert Harding World Imagery/Robert Harding Picture Library Ltd./Alamy, (right) Peter Turnley/Corbis UK Ltd.; p.29 Robert Harding World Imagery/Robert Harding Picture Library Ltd./Alamy; p.35 (top left) Patrick Sheándell O'Carroll/PhotoAlto, (top right) Bananastock, (bottom left) Photodisc, (bottom right) Photodisc; p.36 (top left) plainpicture/Peperoni/Alamy, (centre left) Steve Prezant/Corbis UK Ltd., (bottom left) Cameron/Corbis UK Ltd., (left) Larry Williams/Corbis UK Ltd., (top right) Bob Gomel/Corbis UK Ltd., (centre right) Chuck Savage/Corbis UK Ltd., (bottom right) Bruce Smith/Corbis UK Ltd.; p.43 (left & right) Martin Sookias/OUP; p.49 (left) Martin Sookias/OUP; p.52 Martin Sookias/OUP; p.55 (right) Martin Sookias/OUP; p.57 (top & bottom right) Patrick Sheándell O'Carroll/PhotoAlto, (middle left & right, middle) Dick Capel-Davies, (bottom left) Martin Sookias/OUP; p.59 (centre & right) Patrick Sheándell O'Carroll/PhotoAlto; p.61 (1, 2, 4 & 5) Martin Sookias/OUP, (3) Dick Capel-Davies; p.68 (top) DPA/Empics, (bottom) Panoramic/Empics; p.69 (middle left) Patrick Sheándell O'Carroll/PhotoAlto, (bottom) Dick Capel-Davies; p.71 Imageshop; p.73 (left & right) Martin Sookias/OUP, (middle top & bottom) Dick Capel-Davies; p.85 (bottom) Dick Capel-Davies; p.87 (top left) Yann Arthus-Bertrand/Corbis UK Ltd., (top right) Andrew Brown, Ecoscene/Corbis UK Ltd., (bottom) Philip Gould/Corbis UK Ltd.; p.90 (left & right) Dick Capel-Davies, (centre) Corel Professional Photos; p.94 Philip Gould/Corbis UK Ltd.; p.95 Carl & Ann Purcell/Corbis UK Ltd.; p.96 (1 & 2) Dick Capel-Davies, (3) Norman Godwin/Corbis/Corbis UK Ltd., (4) Archivo Iconografico, S.A./Corbis UK Ltd.; p.98 (top) Richard Klune/Corbis UK Ltd., (centre) Hans Georg Roth/Corbis UK Ltd., (bottom) Wolfgang Kaehler/Corbis UK Ltd.; p.99 (botom) Dick Capel-Davies; p.104 Adam Woolfitt/Corbis UK Ltd.; p.108 Brand X Pictures; p.112 & p.113 OUP; p.114 (left) Brand X Pictures, (right) Imageshop; p.115 Photodisc; p.117 Sipa Press/Rex Features; p.118 Photodisc; p.120 (1) Corbis/Digital Stock, (2) Bananastock, (3) Imagestock, (4) Photodisc, (5) Digital Vision, (6) Photodisc; p.121 Richard Cummins/Corbis UK Ltd.; p.124 OUP; p.125 (top) Vince Hart/Cephas Picture Library/Alamy, (bottom) Owen Franken/Corbis UK Ltd.; p.127 (left) Fabrice Vallon/Cub Sept/Corbis UK Ltd., (right) Popperfoto/Alamy.

All other photography by Chris Honeywell

Front cover photograph by Franck Prevel/AP Photo

The illustrations are by Martin Aston, Kessia Beverley-Smith, Matt Buckley, Stefan Chabluk, Roger Faraday, Tim Kahane, Rob Loxton, Brian Melville; Mathew Robson, Antony Rule, Frederique Vayssieres

The authors would like to thank the following people for their help and advice: David Buckland (course consultant); Marie-Thérèse Bougard (language consultant); Clive Bell (course consultant); Sarah Wullink (teacher consultant), Steve Harrison, Anna Jones, Morag McCrorie (readers).

The publishers would like to thank Polly Stein from Peers School, Littlemore and students at the school; Marie-Thérèse Bougard, Sébastien Pottier and Mark Smith (sound production); Eric Moulineuf, Dorothée Rascle (songs); Laurent Dury for music composition; Alain Feret and the students at collège Rabelais, Tours; Séverine Gervaise.

Every effort has been made to contact copyright holders of material reproduced in this book. Any omissions will be rectified in subsequent printings if notice is given to the publisher.

Bienvenue à Échange!
Welcome to Échange!

The aim of *Échange* is for you to enjoy learning to speak, write and understand French.
- It shows you how what you know about your own language can help you understand French.
- It explains clearly how the French language works.
- It builds up your knowledge and skills, using what you learn at each stage to help you with what comes next.

In *Échange* you will also find out about:
- places where people speak French
- what it is like to live there.

For example, you will find out about the lives of some French-speaking people, including:

Paul and Kim, who live in Paris

and Manny and Mélanie who live in southern France, in Montauban.

When you are learning something new, it will be under one of the following headings:

Focus sur...
Explanations of how to understand French grammar and use the French language.

Accent français
Help with French pronunciation and recognising key French sounds.

Mots-clés
The French for key words, such as 'I', 'when' and 'in', that you will need to use all the time.

Mots-thème
Vocabulary for particular topics, such as sports or pets.

Point infos
Cultural information about France and the French-speaking world.

At the end of each unit there is a page called **Revue** ('Magazine'), to practise reading in French – you'll be surprised how much French you have learned!

The unit then finishes with:
Je sais – a checklist of the main points
Vocabulaire – a list of all the new vocabulary from the unit.

- reading activity
- writing activity
- speaking activity
- listening activity
- listening and reading activity
- listening and speaking activity

trois

3

Table des matières

● Départ

Ici on parle français 6
language awareness; the French-speaking world

La France 8
France in Europe

Le français 10
strategies for reading French; strategies for listening to French

Les instructions 12
understanding classroom instructions

❶ C'est moi!

Départ 13
Unit objectives and introductory activities

Tu habites où? 14
introducing yourself; saying where you live; main places in France
je/tu; *oui/non*

L'alphabet français 16
alphabet; greetings
forming a question using *comment*

Un, deux, trois... 18
numbers 0–31
un, une and *des*; the sounds 'oi' and 'q'

Tu as quel âge? 20
age; months; birthdays
pronouncing words starting with 'h' or a vowel; *je, j'* and the letter 'j'

Tu as un animal? 22
pets
making negative statements with *ne...pas*; using *et* to make longer statements

Revue 24
Activities to practise the language of Unit 1

Je sais... 25
Bilingual checklist for Unit 1

Vocabulaire 26
Unit 1 vocabulary list

❷ Ma famille

Départ 27
Unit objectives and introductory activities

La famille 28
members of the family; numbers 30–70
singular forms of *avoir*; *le, la* and *les*; *il* and *elle*; the sounds 'é' and 'è'

Frères et sœurs 30
talking about members of your family
mon, ma and *mes*; the connectives *et* and *mais*

Mes amis 32
describing people's appearance
singular forms of *être*; using adjectives

Il/Elle est comment? 34
talking about people's character
position of adjectives; using *un peu, assez,* and *très*

L'Académie des Stars 36
reading and listening to longer texts
how to pronounce accented letters in French

Revue 38
Activities to practise the language of Unit 2

Je sais... 39
Bilingual checklist for Unit 2

Vocabulaire 40
Unit 2 vocabulary list

Révisions unités 1, 2 41

❸ Au collège

Départ 43
Unit objectives and introductory activities

Mes affaires 44
talking about what is in your bag and pencil case
possessive adjectives; the sound 'on'

Tu aimes les maths? 46
school subjects and opinions
singular forms of *-er* verbs, pronouncing '-ez'

Les profs et les élèves 48
giving opinions and descriptions of people
plural forms of *être*; silent *-s* endings of words

L'emploi du temps 50
days of the week; times; school subjects
plural forms of *avoir*; the sounds 'qu' and 'eu'

Les cours 52
school lessons
plural forms of *-er* verbs

Revue 54
Activities to practise the language of Unit 3

CONTENTS

Je sais… …55
Bilingual checklist for Unit 3

Vocabulaire …56
Unit 3 vocabulary list

4 Le week-end

Départ …57
Unit objectives and introductory activities

Je vais à Montauban …58
places in town
the preposition *à*; the verb *aller*; the sound '*au*'

Un week-end à Bobigny …60
making plans for the weekend
the pronoun *on*; *faire* + *du, de la, de l'*; the sound '*-tion*'

Mes passe-temps préférés …62
sports and leisure activities
jouer à/de

Qu'est-ce que tu aimes faire? …64
talking about what you like and dislike doing in your spare time
using *aimer, adorer, préférer* and *détester* with infinitives; the vowel sounds '*ou*' and '*u*'

Qu'est que tu as fait? …66
saying what you did at the weekend
je suis allé(é); j'ai joué

Revue …68
Activities to practise the language of Unit 4

Je sais… …69
Bilingual checklist for Unit 4

Vocabulaire …70
Unit 4 vocabulary list

Révisions unités 3, 4 …71

5 J'ai faim!

Départ …73
Unit objectives and introductory activities

Qu'est-ce qu'on mange? …74
talking about food and drink
du, de la, des with items of food; *il y a/il n'y a pas*

Au supermarché …76
buying food in a supermarket; prices; quantities; numbers 70–100

Au snack …78
ordering snacks and fast food; the verb *prendre*

Qu'est-ce qu'on prend? …80
talking about your eating habits

Qu'est-ce qu'on va prendre? …82
Talking about a special meal you are going to have
aller + infinitive

Revue …84
Activities to practise the language of Unit 5

Je sais… …85
Bilingual checklist for Unit 5

Vocabulaire …86
Unit 5 vocabulary list

6 Chez moi

Départ …87
Unit objectives and introductory activities

Dans ma chambre …88
describing your bedroom; colours
how the spelling of adjectives affects pronunciation

Mon appartement, ta maison …90
describing your home
irregular adjectives

Il fait beau chez toi? …92
talking about the weather
using *si* with weather expressions

Ma région …94
describing where you live
prepositions

On a fait quoi ce week-end? …96
talking about what you did last weekend
the perfect tense

Revue …98
Activities to practise the language of Unit 6

Je sais… …99
Bilingual checklist for Unit 6

Vocabulaire …100
Unit 6 vocabulary list

Révisions unités 5, 6 …101

Les pages Encore et En plus …104

Les pages Lecture …116

Grammaire …128

Vocabulaire …147

Départ

Ici on parle français!

Belgique
Luxembourg
Suisse
Québec
France
Monaco
Maroc
Mauritanie
Tunisie
Sénégal
Algérie
Mali
Guadeloupe
Dominique
Martinique
Haïti
Sainte Lucie
Niger
Tchad
Laos
Viêt Nam
Guinée
Côte d'Ivoire
Burkina Faso
Togo
Guyane
Cameroun
Bénin
Rwanda
Cambodge
les Seychelles
Burundi
Gabon
Congo
Madagascar
Maurice
la Réunion
Nouvelle-Calédonie

1 Find at least one country in each of these continents where French is spoken: America, Africa, Europe (not France!), Asia.

Do you know that French is spoken in countries all over the world?

DÉPART

2 Even in France, French is not the only language spoken. Can you match the languages to the places?

1. Breton and French
2. German, Italian and French
3. English and French
4. Flemish and French
5. Chinese, Vietnamese and French
6. Arabic and French
7. Hausa and French

a. Quebec
b. Vietnam
c. Brittany (in NW France)
d. Algeria
e. Niger
f. Belgium
g. Switzerland

3 Identifie les photos. Identify the photos.
Exemple: **1 – b**

a. C'est un village au Sénégal, en Afrique.
b. C'est une mosquée en Tunisie.
c. C'est un lac, au Québec.
d. C'est la Réunion, une île volcanique dans l'océan Indien.

4 **Focus sur...** 'a'/'an'

In French, all nouns are either masculine or feminine. The word for 'a' or 'an' with masculine nouns is *un*. The word for 'a' or 'an' with feminine nouns is *une*.

Look at the captions on the left. Can you find the French for:
a. a mosque
b. an island
c. a village

sept

7

La France

DÉPART

1 Identifie les pays. Identify the countries.
  a Italy
  b Belgium
  c Spain
  d Germany
  e Great Britain
  f Switzerland

2 Trouve les rivières et les montagnes.
Find the rivers and the mountains.

	Rivières		Montagnes
a	Loire	a	......
b	......	b	......
c	......		

France = 547km² Grande-Bretagne = 245km²
La population de la France
 = 59 millions de personnes
La population de la Grande-Bretagne
 = 60 millions de personnes
La capitale de la France = Paris
La capitale de la Grande-Bretagne = Londres

3 What do you notice about the size of France and Britain? What do you notice about the two population figures?

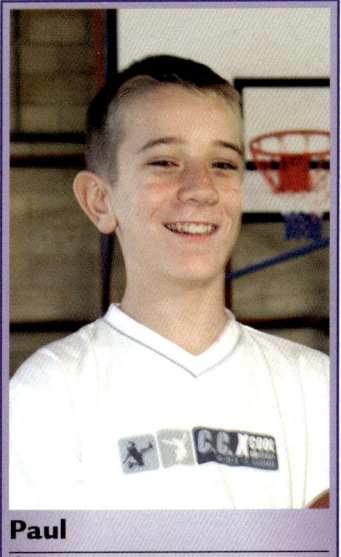

Paul
Âge: 14 ans
Passe-temps: Internet, le kickboxing
Habite à: Paris

Kim
Âge: 13 ans
Passe-temps: Internet, l'aérobic, le basket-ball
Habite à: Paris

Manny
Âge: 12 ans
Passe-temps: la musique, le cinéma
Habite à: Montauban

Mélanie
Âge: 12 ans
Passe-temps: le cinéma, le shopping, les animaux
Habite à: Montauban

4 Identifie les personnes. Qui aime...
Identify the people. Who likes...
  a le cinéma? (2 personnes)
  b Internet? (2 personnes)
  c les animaux? (1 personne)
  d la musique? (1 personne)
  e le basket-ball? (1 personne)

neuf

9

Le français

Here are some strategies you can use to help you understand and learn new words and skills when you are reading and listening in French.

Strategies for reading French

1 You know more French words than you think! Look at the lists on the right. Where there is a slight difference between French and English, what are the differences? Use these three strategies to help you:

- Look at the endings of the words. How are they spelt differently in French?
- What sometimes happens with the letter 'e' in French?
- What has happened to the French words for 'PE' (Physical Education) and 'website'?

2 Don't be afraid of the unknown! Look at the text in the speech bubble. Use these strategies as you try to read it:

- Work out **what it is about**. Look at the **picture** to give you clues. This will help you to guess or work out the unknown words.
- Identify the words you recognise because they are **the same or nearly the same, as in English**. (They are called 'cognates'.)
- Now work on the words that are left. You might be able to guess them because you know the **context** – the general topic and the associated words.
- If there are still some words you can't understand, you can **look them up** in a word list or dictionary. As you work through *Échange* you will be shown how to do this.

Mots-thème

Les voyages/ Le tourisme	Les médias	La classe
un train	la télévision	la géographie
un ferry	Internet	l'histoire
un aéroport	un e-mail	les maths
le shuttle	un site web	les sciences
une visite	le cinéma	l'éducation physique
une cathédrale	un film	la musique
un monument	un message	le collège
la capitale	un DVD	
	un téléphone	

Les sports/ Les activités	La musique
le football	un CD
le badminton	la hi-fi
le tennis	une guitare
le ping-pong	un piano
le judo	un violon
le match	le hip-hop
le canoë	un groupe
le basket-ball	un concert

> Salut! Je m'appelle Paul. Mes passe-temps sont Internet et le sport. Mon sport préféré? Bon, j'aime le football et le basket-ball, et j'adore le kickboxing. C'est un art martial et c'est mon sport préféré. C'est difficile et c'est excitant – c'est cool, le kickboxing. Je pratique le kickboxing le week-end. J'aime aussi la musique et surfer sur Internet.

3 ### Focus sur...

Knowing what type of word you are looking at will help you to work out its meaning. Can you tell which words are nouns, which are verbs and which are adjectives?

Find three nouns, one adjective and two verbs in Paul's speech bubble.

dix

DÉPART

Strategies for listening to French

- If you are listening in order to be able to answer a question, think about what key words you might hear and listen out for those.
- Practise listening to numbers because these are quite hard to understand.

- As you work through *Échange* you will find out how to recognise typical French sound patterns. This will help you to recognise the words you are hearing.

4 Listen to Mélanie talking about sports and activities. Which three things does she mention?

| le shopping | le volley-ball | la télévision |
| le cinéma | Internet | le football |

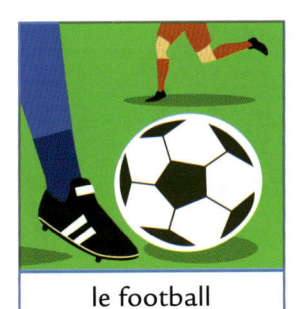

5 Can you tell which one of the three things she does **not** like?

6 **Accent français**

French words often look like English words, which makes them easy to read and understand. However, they always sound different, so you have to listen carefully.

Listen to the recording. All the words are in the *Mots-thème* box on page 10.

a Écoute et répète.
Listen and repeat.

b Écoute et écris.
Listen and write down.

Les instructions

Silence!

Écoutez.

Understanding instructions

1 Can you work out the meaning of these classroom instructions?

Think about your reading strategies:
- Which words are similar, or the same, as English words?
- Think about the visual clues. For example, what is the teacher doing in pictures **b**, **c** and **e**?
- How does the context help you to guess the words?

Asseyez-vous!

Répétez!

Levez-vous!

Recopie les mots.

a

b

c

d

e

f

Travaillez avec un(e) partenaire.

Répondez aux questions.

2 Now can you recognise the instructions when you hear them? Write the letters **a–h** in the order you hear the instructions. To start you off, you will hear instruction **d** first.

3 Can you work out the meaning of the following classroom instructions on the right? Match each one to its English meaning.

Think about your reading strategies:
- Which words are similar, or the same, as English words?
- How does the context help you to guess the words? For example, in instruction **c** what are you likely to be told to do with a text?

g

h

1 Read the text.
2 Listen and repeat.
3 Complete the responses.
4 Interview a partner.
5 Roleplay.
6 Identify the pairs.

a *Écoute et répète.*
b *Interviewe un(e) partenaire.*
c *Lis le texte.*
d *Identifie les paires.*
e *Complète les réponses.*
f *Jeu de rôle.*

douze

C'est moi!

1

Départ

OBJECTIFS

In this unit you will learn the following new language:

- **Vocabulary:** the numbers 0 to 31; the alphabet; French names; pets
- **Grammar:** the subject pronouns *je* (I) and *tu* (you); singular and plural nouns; some uses of the verb *avoir* (to have)
- **Skills:** asking questions in French; saying where you live, what your name is, when your birthday is and how old you are; saying what pets you have
- **Pronunciation:** the alphabet, some important facts about French pronunciation

Kim

Paul

Mélanie

Manny

1 Listen to Paul, Kim, Manny and Mélanie introducing themselves. You will hear them say '*Je m'appelle*'. Can you work out what this means?

treize

13

Tu habites où?

▶ Look at the map and work out the meaning of *l'Angleterre* and *la Manche*.

Tu habites où?
Tu t'appelles comment?

OBJECTIFS

You will learn...
- how to say where you live
- how to ask someone their name and give your own
- some important places in France
- some key facts about French pronunciation

J'habite à Paris.
Je m'appelle Paul.

Je m'appelle Kim.
J'habite à Paris.

l'Angleterre
Folkestone
Douvres
Calais
la Manche
PARIS
Rennes
la France
Bordeaux
Lyon
Montauban
Toulouse
Marseille

J'habite à Montauban.
Je m'appelle Mélanie.

Je m'appelle Manny.
J'habite à Montauban.

The shortest distance between France and England is 21 miles (33.6km), from Dover to Calais.

Which journey goes with which timing?

Ferry (Dover to Calais) — 90 mins
Eurostar (London to Paris) — 30 mins
Shuttle (Folkestone to Calais) — 2 h 35 mins

1 Écoute et lis.
Listen and read.

quatorze
14

1 C'EST MOI!

2 « Accent français »

In French, you often don't hear the last consonant.

a Écoute et répète les mots.
Listen and repeat the words.
Paris, Bordeaux, Calais, Rennes,
tu habites, tu t'appelles.

Nasal sounds are typical of French.

b Écoute et répète la conversation.
Listen to the conversation and repeat it.
– Tu habites à Montauban?
– Non.
– À Lyon?
– Non.
– Dans la Manche?
– Non, non!
– En Angleterre?
– Oui!

3 Écoute et indique les villes.
Listen and point to the towns on the map on page 14.

4 C'est une question? Dessine '?' ou (.). Réécoute et répète.
Draw a '?' if it is a question or put a full stop if it is not. Listen again and repeat.

5 À deux. Interviewe un(e) partenaire.
In pairs. Interview a partner.
A: Tu t'appelles comment?
B: Je m'appelle…
A: Tu habites où?
B: J'habite à Birmingham. Et toi?
A: Je m'appelle… J'habite à… .

Focus sur… *je, tu*

The pronoun for 'I' is *je*.
Je m'appelle = **I am called**

The pronoun for 'you' is *tu*.
Tu t'appelles comment? = What are **you** called?

Pronouns always go with a verb.
Tu t'appelles comment?
Je m'appelle Jo.

Now listen again to the speakers saying where they live. What do you notice about the 'h' of *habite*?

With verbs that start with 'h' or a vowel, *je* becomes *j'* to make it easier to say.
J'habite à Manchester.

Mots-clés

oui yes   *non* no

The question word *où* asks 'where?'
Tu habites où? Where do you live?

The preposition *à* tells you where.
J'habite à York. I live in York.

When you have given someone some information, you can add the question '*Et toi?*' to find out the same information about them.
J'habite à Londres. Et toi? I live in London. What about you?

Lift your voice at the end to make it sound like a question.

ll

In secret, choose a French town from the map and imagine you live there. Copy it down. Your partner has three guesses to identify the town.
Example: B: *Tu habites à Rennes?*
A: *Non.*
B: *Tu habites à Lyon?*
A: *Non.*
B: *Tu habites à Calais?*
A: *Oui.*

quinze

L'alphabet français

▶ Look at the verbs in the conversation below. What is the difference between the verb endings with *je*, and those with *tu*?

OBJECTIFS

You will learn...
- the French alphabet and how to spell in French
- how to say hello and goodbye

Salut! Je m'appelle Mélanie. Et toi? Tu t'appelles comment?

Salut, Mélanie! Je m'appelle Manny.

Manny, ça s'écrit comment? C'est M-A-N-I?

Non, c'est Manny. M-A-N-N-Y.

Tu habites où? À Montauban?

Oui, j'habite à Montauban.

1 Écoute et lis. Recopie et complète les phrases et lis à haute voix.
Listen and read. Copy and complete the sentences and read them aloud.
- **a** Je …… Mélanie.
- **b** Tu …… comment?
- **c** Tu …… où?
- **d** Oui, …… à Montauban.

Mots-clés

Tu t'appelles Carla. Your name is Carla.

To ask, 'What is your name?', add *comment* (how):
*Tu t'appelles **comment**?*

To ask how a word is spelt, use *comment*:
*Ça s'écrit **comment**? C'est C-A-R-L-A.*

Salut, Mélanie! Ça va?

Ça va. Maman, voici Manny.

Bonjour, Manny!

Bonjour, Madame.

Au revoir, Manny!

Au revoir, Mélanie. Au revoir, Madame!

2 Jeu de rôle à quatre. Faites la présentation.
Role play in a four. Make the introductions.
Exemple: **Toi:** Salut, Maman, Papa. Ça va?
Maman et Papa: Oui, ça va!
Toi: Papa, Maman, voici Chris.
Maman et Papa: Bonjour, Chris!
Chris: Bonjour, Madame. Bonjour, Monsieur.

Mots-thème

Ça va? How are you?	Au revoir
Ça va. I'm fine.	Madame
Voici… Here is…	Monsieur
Salut	Maman
Bonjour	Papa

1 C'EST MOI!

3 a Écoute. Répète les lettres.
Listen. Repeat the letters.

b Écoute. Écris les lettres.
Listen. Write down the letters.

4 Lis ta liste de lettres à haute voix.
Read your list of letters aloud.

5

Accent français

Be careful, a few letters in French do not sound like their equivalents in English. For example, the French 'i' is pronounced like the English letter 'e'.

a Listen to these letters and the spellings of the names and repeat them.
- a/r — Marta, Ramon
- e/i/y — Marie, Manny, Sylvie
- g/j — Josie, Georges
- c/k — Franck

b Now try spelling out the following names: Martin, Philippe, Julie, Serge, Patrick. Listen and check.

6 Écoute. Choisis et écris la bonne lettre.
Listen. Choose and write down the correct letter.
Exemple: **1** A

1. A, R
2. G, J
3. E, I
4. K, C
5. I, Y

7 a Écoute. Écris les 5 villes françaises.
Listen. Write down the 5 French towns.
Exemple: **1** Paris

b Regarde la carte à la page 14 et vérifie les réponses.
Look at the map on page 14 and check the answers.

8 Choisis un(e) personne de la classe. Épelle son prénom.
Choose a person in the class. Spell his/her name.

> *'Salut'* means 'hi' and is used between young people or people you know very well. The usual word for 'hello' is *'bonjour'*. To say 'goodbye', you use *'au revoir'*.
>
> Speaking to adults you don't know well, use *'Monsieur'* for men and *'Madame'* for women: *Bonjour, Madame*.
>
> When French people meet, they shake hands. Once they know each other better, they exchange a kiss (*une bise*) on each cheek.

11 Working with a partner, choose your own French identity – a French name and a French town you live in. Interview each other and note down each other's identities.
Example:
A: *Salut! Tu t'appelles comment?*
B: *Salut! Je m'appelle Pierre.*
A: *Ça s'écrit comment?*
B: *P-I-E-R-R-E.*
A: *Et tu habites où, Pierre?*
B: *J'habite à Rennes.*
A: *Ça s'écrit comment?*
B: *R-E-N-N-E-S.*
A: *Merci! Au revoir, Pierre.*

dix-sept 17

Un, deux, trois...

OBJECTIFS

You will learn...
- the numbers 0 to 31
- the words for 'a' (*un, une*) and 'some' (*des*)
- how to pronounce '*oi*' and '*q*' in French

▶ Look at the numbers 0 to 31 on the right. Work out the four missing numbers.

1 Écoute et répète.
Listen and repeat.

2 Bingo! Recopie six chiffres. Écoute et coche les chiffres.
Bingo! Copy any six numbers. Listen and tick the numbers.

Mots-clés

0 zéro	11 onze	22 vingt-deux
1 un	12 douze	23 vingt-trois
2 deux	13 treize	24 vingt-quatre
3 trois	14 quatorze	25 (...)
4 quatre	15 quinze	26 vingt-six
5 cinq	16 seize	27 (...)
6 six	17 dix-sept	28 vingt-huit
7 sept	18 (...)	29 (...)
8 huit	19 dix-neuf	30 trente
9 neuf	20 vingt	31 trente et un
10 dix	21 vingt et un	

Attention!
- For 17, 18, 19, add *-sept, -huit, -neuf* to *dix*.
- For 22 to 29, add *-deux, -trois, -quatre*, etc. to *vingt*.

« Accent français »

In French, '*oi*' sounds like 'whah': *trois, toi*
In French, '*q*' sounds like 'k': *quatre, cinq*

3 Regarde l'équipe de foot. Écoute. Écris les chiffres. Écoute et vérifie les réponses.
Look at the football team. Listen. Write the numbers. Listen and check the answers.
Exemple: 4

4 a Lis le calcul à haute voix.
Read the sum aloud.
Exemple: Trois fois*cinq? Quinze! *times

b Invente des calculs d'addition pour ton/ta partenaire. Corrige les erreurs!
Invent some addition sums for your partner. Correct the mistakes!
Exemple: A: Trois plus neuf?
B: Douze. À moi. Deux plus treize?
A: Seize.
B: Non! Quinze!

5 Écoute. Complète les résultats de la Coupe d'Europe.
Listen. Complete the missing results in the European Cup.
Exemple: Chelsea 3   Paris Saint-Germain 2

Manchester United? ☐	Toulouse? ☐
Olympique de Marseille? ☐	Celtic? ☐
Arsenal? ☐	Bordeaux? ☐

dix-huit

C'EST MOI!

6 **Identifie les images.**
Identify the pictures.

Exemple: **1 – d**

1. un ballon
2. un stade
3. des résultats
4. une équipe
5. une coupe
6. des casquettes OM
7. un poster PSG

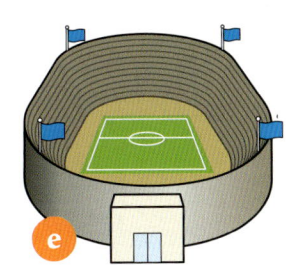

Focus sur... *un, une, des*

French nouns are either masculine or feminine. The word for 'a' or 'an' with masculine nouns is *un*: **un** *ballon*, **un** *stade*.
The word for 'a' or 'an' with feminine nouns is *une*: **une** *coupe*, **une** *casquette*.

Most nouns end in '-s' when they are plural, just like in English. With plural nouns, use *des* for both genders to say 'some': *des résultat**s***.

	singular	plural
masculine	un ballon	des ballons
feminine	une coupe	des coupes

7 **Écris en français.**
Write in French.

Exemple: **a** un stade

a. a stadium
b. a baseball cap
c. a ball
d. a cup
e. some posters
f. some results
g. some teams

Le foot en France
The French national football team is nicknamed 'Les Bleus'. Look up *bleu* – why do you think the team has this name?

8 Here are eight nouns from pages 18 and 19:

équipe, chiffre, résultat, accent, erreur, mot, calcul, ballon.

Copy them down in alphabetical order, leaving space for *un* or *une* before each one.
Example: ...... *accent*

Now use the glossary at the back of the book to check the gender of the nouns.
Remember:
- Masculine nouns have (m) after them. For example, *chiffre* (m) a figure, number.
- Feminine nouns have (f) after them.

Finally, fill in *un* or *une* before each noun.

dix-neuf 19

Tu as quel âge?

▶ Write the months in the box below in the correct order.

▶ What two things do you notice about the first letter of the months in French?

OBJECTIFS

You will learn...
- the months of the year and how to give dates
- how to ask when someone's birthday is and give your own
- how to ask someone's age and give your own
- how to pronounce words starting with 'h' or a vowel; *je*, *j'*; the letter *j*

février juin avril septembre janvier août
octobre mai décembre juillet mars novembre

1 Écoute. Identifie les images.
Listen. Identify the pictures.
Exemple: **1 – d**

a 19 juin 2004

b Paris, le 21 décembre

c lundi, 25 juillet — Mon anniversaire!

d MARS (calendar, 13 circled)

e le 4 janvier

f 18:30 LE 10 AOÛT

g LE 30 OCTOBRE

h Montauban le 1 mai

2 Lis les dates à haute voix.
Read the dates aloud.
Exemple: Partenaire A: C
            Partenaire B: le vingt-cinq juillet. À toi! F.
            Partenaire A: le dix août. À toi! B...

3 Continue les séries. Écris les dates en mots.
Continue the series. Write the dates in words.
Exemple: **a** le dix-sept juin.

a le 3 juin, le 10 juin, ...
b le 21 mai, le 21 juin, ...
c le 12 avril, le 11 mars, ...
d le 29 août, le 30 septembre, ...

Focus sur... *mon anniversaire*

To ask someone's birthday, you need to use *quand*:
*C'est **quand**, ton anniversaire?*
When is your birthday?

When talking about dates and birthdays, you need *c'est* and the determiner *le* before the date:
***C'est le** trente octobre.* It's the 30th October.

For the date, use numbers as you have learned them (except *le premier* for 'the 1st'):
'Mon anniversaire, c'est le vingt-sept mai. Et toi?'
'Mon anniversaire, c'est le premier janvier!'

vingt

20

1 C'EST MOI!

4 Identifie l'âge des personnes des photos. Choisis la bonne bulle.
Identify the age of the people. Choose the right speech bubble.
Exemple: **1 – d**

a. J'ai dix ans.
b. J'ai trois ans.
c. J'ai vingt-cinq ans.
d. J'ai seize ans.

Focus sur... *j'ai 12 ans*

Tu as quel âge? How old are you?
J'ai 12 ans*. I'm 12.   *years

'*J'ai*' means 'I have' and '*Tu as*' means 'you have', so you are literally asking 'You have what age?' and answering 'I have 12 years.'

1
2
3
4

5 **Accent français** — *je, j'*, the letter *j*

Remember that *je* changes to *j'* when the next word starts with a vowel or an *h*, because the *h* is silent in French: *j'ai, j'habite*. The letter *j* has a soft sound.

Écoute et répète.
Listen and repeat.

Je m'appelle Jojo. J'ai huit ans et j'habite à Saint-Jean.
En janvier, j'habite dans le Jura. En juin et juillet, j'habite à Jarnac.

6 Interviewe 3 partenaires.
Exemple: A: Tu as quel âge?
B: J'ai 11 ans.
A: C'est quand, ton anniversaire?
B: Mon anniversaire, c'est le 24 septembre.

Can you make a question with each of the following question words?

quel   comment   quand   où

Here are some hints:

age   name   spelling
your birthday   your home

Tu as un animal?

OBJECTIFS

You will learn...
- how to talk about pets
- how to say how many pets you have, or don't have
- how to form plurals of nouns
- how to construct longer sentences using *et* (and)

Remember that words in French often look very similar to English but they always sound different. Can you identify the animals mentioned on the recording?

Mots-thème

Tu as un animal?
Oui, j'ai un animal.
Oui, j'ai un chat et une perruche.
Oui, j'ai des animaux.
Non, je n'ai pas d'animal.

J'ai un...
- chien
- lapin
- poisson
- serpent
- hamster
- cheval
- chat
- cochon d'Inde

J'ai une...
- souris
- perruche

1 Fais des paires.
Exemple: **1e**
1. des perruches
2. un lapin
3. des chats
4. une tortue
5. une souris
6. un cheval
7. des hamsters
8. des chevaux
9. un serpent
10. des souris

2 Focus sur... *les pluriels*

Most plurals are formed by adding *-s*, but as in English there are exceptions, (e.g. mouse/mice).

Look at the *Mots-thème* list and exercise 1.
a What happens when the noun already ends in *-s*?
b What happens when the noun ends in *-al*?

3 Invente une ménagerie. Choisis les animaux et décide combien. Utilise *et*.

Invent a menagerie. Choose the animals and decide how many there will be of each. Use 'et' (and).

Exemple: J'ai beaucoup d'animaux. J'ai 20 hamsters, 9 souris et 6 serpents.

1 C'EST MOI!

Moi, j'ai une perruche. Je n'ai pas de chien et je n'ai pas de chat.

Moi, je n'ai pas d'animal. J'habite à Paris, et c'est difficile!

6 Interviewe un(e) partenaire sur sa ménagerie. Utilise les mots dans la case.
Interview a partner about his/her menagerie. Use the words in the Mots-clés box below.

Exemple:
A: Tu as un animal?
B: Oui, j'ai des animaux.
A: Tu as un chien?
B: Non, je n'ai pas de chien.
A: Tu as un chat?
B: Oui, j'ai beaucoup de chats.
A: Tu as combien de chats?
B: J'ai dix chats.

Mots-clés
beaucoup de a lot of
combien de how many
Non, je n'ai pas d'animal.

Oui, j'ai un  / une .

4 Focus sur... *ne... pas*

To make a negative statement, you need *ne* and *pas* around the verb. *Ne* changes to *n'* when the next word starts with a vowel or an *h*.
– Tu as un animal?
– Non, je n'ai pas d'animal.
– Tu n'as pas de chien?
– Non, je n'ai pas de chien.

Find the three negative statements in the speech bubbles above and copy them.

5 Combien? Recopie et complète la grille pour Mélanie.

	chien	chat	lapin	tortue	cheval
Manny	0	1	0	0	0
Mélanie	?	?	?	?	?

You can now find out the following details about people in French:
- name
- age
- birthday
- where they live
- if they have any pets.

Interview at least two people and fill in details for them under the following headings:

Prénom (first name):
Âge:
Anniversaire:
Habite à:
Animal/Animaux:

Complete the same details for yourself.

vingt-trois
23

Revue

1 Puzzle: l'animal secret.
Recopie et complète les mots. Note les lettres dans les cercles – c'est un animal secret!
Exemple: **a u**n chat = U

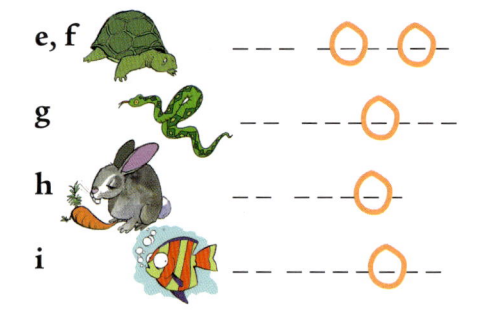

a _ _ _ _ _
b _ _ _ _
c _ _ _ _ _ _ _ _
d _ _ _ _ _ _

e, f _ _ _ _ _
g _ _ _ _ _ _ _
h _ _ _ _ _ _
i _ _ _ _

2 Profils personnels. Lis les profils et identifie les images.

1 Je m'appelle Louise et j'habite à Paris.
J'ai 30 ans et mon anniversaire, c'est le 20 mars.
J'ai un chien, deux chats et deux souris.

2 J'ai 25 ans et je m'appelle Benjamin.
Mon anniversaire, c'est le 20 mars et j'habite à Toulouse.
Je n'ai pas de souris. J'ai un chien, un chat et une perruche.

3 Je m'appelle Chloé et j'habite à Rennes.
J'ai 15 ans et mon anniversaire, c'est le 15 novembre.
J'ai deux souris, deux chiens et deux chats.

4 Je m'appelle Sébastien et j'ai 10 ans.
J'habite à Lyon.
J'ai un chien, deux chats et des perruches.
J'ai aussi deux souris.
Mon anniversaire, c'est le 12 mai.

vingt-quatre

24

1 C'EST MOI!

Je sais...

I know how to...

- read and write the numbers 0 to 31 in French: *zero, un, deux, trois, ...*
- recognise the numbers 0 to 31 when I hear them in French
- spell out words using the French alphabet
- understand the spelling of words in French
- ask where someone lives and tell them where I live: *Tu habites où? J'habite à Manchester.*
- ask what someone's name is and tell them my name: *Tu t'appelles comment? Je m'appelle Chris.*
- give my age and ask someone else their age: *J'ai 12 ans. Tu as quel âge?*
- say the months of the year: *janvier, février, mars, ...*
- ask someone when their birthday is and tell them mine: *Ton anniversaire, c'est quand? Mon anniversaire, c'est le 11 avril.*
- ask someone what pets they have and say what pets I have: *Tu as un animal? Oui, j'ai un chat et une perruche./Non, je n'ai pas d'animal.*
- use the words for 'a'/'an' and 'some': *un* with masculine nouns, *une* with feminine nouns and *des* with plural nouns
- form the plurals of nouns in French: *un chat – des chats; un cheval – des chevaux*
- form questions using question words and the right pronunciation

À toi

You are going to start an email correspondence with a French teenager. Choose his or her name (find a French name in this unit). Send an email to introduce yourself and find out about him or her.

★ Tell him/her two things about yourself and ask him/her two questions.

★★ Tell him/her four things about yourself and ask him/her four questions.

★★★ Tell him/her six things about yourself and ask him/her six questions.

vingt-cinq

Vocabulaire

Salutations	Greetings
Salut!	Hi!
Bonjour.	Hello.
Au revoir.	Goodbye.
Monsieur	Sir/Mr
Madame	Madam/Mrs
Maman	Mum
Papa	Dad
Tu t'appelles comment?	What is your name?
Je m'appelle Marie.	My name is Marie.
Ça s'écrit comment?	How is that spelt?
C'est M-A-R-I-E.	It's M-A-R-I-E.
Et toi?	What about you?
Tu habites où?	Where do you live?
J'habite en Angleterre.	I live in England.
Tu habites à Manchester?	Do you live in Manchester?
J'habite à Birmingham.	I live in Birmingham.
Tu as quel âge?	How old are you?
J'ai 12 ans.	I'm 12.
Ça va?	How are you?
Ça va.	I'm fine.
Voici Chris.	This is Chris.
non	no
oui	yes

quel	what
comment	how
quand	when
où	where

Les animaux	Pets
un chat	a cat
un cheval	a horse
un chien	a dog
un cochon d'Inde	a guinea pig
un hamster	a hamster
un lapin	a rabbit
un poisson	a fish
un serpent	a snake
une perruche	a budgie
une souris	a mouse
Tu as un animal?	Do you have a pet?
Oui, j'ai un animal.	Yes, I have a pet.
Oui, j'ai un chat et une perruche.	Yes, I have a cat and a budgie.
Oui, j'ai des animaux.	Yes, I have some pets.
Non, je n'ai pas d'animal.	No, I don't have a pet.
Tu as combien de chiens?	How many dogs do you have?
J'ai beaucoup de chiens.	I have a lot of dogs.

Les mois	Months
janvier	January
février	February
mars	March
avril	April
mai	May
juin	June
juillet	July
août	August
septembre	September
octobre	October
novembre	November
décembre	December
Ton anniversaire, c'est quand?	When is your birthday?
C'est le trente octobre.	It's the 30th October.
Mon anniversaire, c'est le premier janvier.	My birthday is the 1st January.

Ma famille 2

Départ

... grand-mère
...... grand-père
la mère
le père
...... cousine
...... cousin
...... fils
...... fille

OBJECTIFS

In this unit you will learn the following new language:

- **Vocabulary:** family members; numbers 30 to 70; people's appearance and personality
- **Grammar:** singular forms of *avoir* (to have) and *être* (to be); the determiners *le*, *la*, *les* (the); the pronouns *il* (he/it) and *elle* (she/it); the possessive adjectives *mon*, *ma*, *mes* (my); masculine and feminine adjectives
- **Skills:** how to describe people's appearance and personality
- **Pronunciation:** *é*, *è* and *ç*; *les*, *des* and *mes*; masculine and feminine adjectives

a

b

1 Which of the photos is described below?

Dans la famille Belmont il y a un père, une mère et deux filles. Il n'y a pas de garçons.

2 You already know the French words for 'a' (*un*, *une*) and 'some' (*des*). In this unit you will learn to use the words for 'the'. They appear in two of the photo captions above.

a Look at the labels and work out which word is used with masculine nouns and which is used with feminine nouns.

b Copy and complete the labels.

vingt-sept

27

La famille

▶ Introduce yourself to your partner giving your name and age.

OBJECTIFS

You will learn...
- the words *le*, *la* and *les* (the)
- the numbers 30 to 70
- how to give someone's age using *avoir*
- the pronouns *il* (he/it) and *elle* (she/it)
- how to pronounce é and è

1
Écoute et regarde la famille Andouille.
Complète les phrases.
Listen and look at the Andouille family.
Complete the sentences.
Exemple: **1** C'est le **bébé**. Elle s'appelle Belle.

1. C'est le ...... Elle s'appelle Belle.
2. C'est la ...... Elle s'appelle Laïla.
3. C'est le ...... Il s'appelle Félix
4. C'est ...... fils. Il s'appelle Sacha.
5. C'est ...... grand-mère. Elle s'appelle Dagoberta.
6. C'est .... Il s'appelle Walter.
7. C'est .... Elle s'...... Marine.

2
Focus sur... *le, la, les*

You already know that there are two French words for 'a'. One is used with masculine nouns and the other with feminine nouns. There are also masculine and feminine words for 'the'. Find them in the sentences above.

Copy and complete the grid.

	masculine	feminine
'a'	un	......
'the'	......	......

Look at the instructions for exercise 1. Find the French word for 'the' with plural nouns.

3
Mots-clés
Elle s'appelle Marine.   *Il* s'appelle Sacha.

a. Which pronoun is masculine and which is feminine?

b. Which pronoun is missing?
...... s'appelle Christine.
...... s'appelle Paul.

« Accent français » *é, è*

a. Listen and imitate – exaggerate the sounds!
bébé, père, mère

b. What shape do you make with your mouth to say *é* and *è*?

c. Now try pronouncing *Stéphanie, Léa, grand-père, grand-mère*.

vingt-huit

28

2 MA FAMILLE

4 Mots-clés

Work out how to write the missing numbers in French, in words.
Example: 35 *trente-cinq*, 36 *trente-six*

30 *trente*
31 *trente et un*
32 *trente-deux*
33 *trente-trois*
34 *trente-quatre*
(...)
39 *trente-neuf*
40 *quarante*
41 *quarante et un*
42 *quarante-deux*

(...)
50 *cinquante*
51 *cinquante et un*
(...)
59 *cinquante-neuf*
60 *soixante*
61 *soixante et un*
(...)
70 *soixante-dix*

5 Regarde le code. Écris les prénoms.
Look at the code. Write the first names.
Exemple: **a** Belle

30 L	31 V	32 N	33 Q	33 Y	35 X	36 A
41 I	45 E	47 O	48 F	49 J	50 U	51 B
53 D	54 P	59 G	61 M	62 C	64 H	65 R
66 T	67 K	70 S	40 W	56 Z	43 É	60 È

a cinquante et un, quarante-cinq, trente, trente, quarante-cinq
b trente, quarante-trois, trente-six
c soixante et un, trente-six, soixante-cinq, soixante-deux
d soixante-dix, trente-six, soixante-deux, soixante-quatre, trente-six
e soixante-quatre, quarante-trois, trente, soixante, trente-deux, quarante-cinq

6 Écoute. Écris les lettres. C'est qui?
Listen. Write the letters. Who is it?
Exemple: **1** M...

7 Focus sur... using *avoir* to give someone's age

Tu as 12 ans?
Non, *j'ai* 13 ans.
Il a 35 ans.
Elle a 67 ans.

Fill in the gaps using *ai*, *as* or *a*.
a Je m'appelle Paul. J'...... 14 ans.
b Il s'appelle Maurice. Il ...... 67 ans.
c Tu ...... 18 ans?
d Olivier ...... 41 ans.
e La fille, Léa, ... 8 ans.

8 Regarde la photo. Invente les détails et décris la famille.
Look at the photo. Make up the details and describe the family.
Exemple: C'est le fils. Il s'appelle Éric. Il a 4 ans.

▌▌ How quickly can you count up to 70 in French?

▌▌ Work with a partner saying alternate numbers up to 70 and time yourselves.

vingt-neuf

29

Frères et sœurs

🎧 Listen to the phrases – do you hear *est*, *ai* or *et*?
Example: **1** *ai*

OBJECTIFS

You will learn...
- how to say if you have brothers and sisters
- how to join phrases together using *et* (and) and *mais* (but)
- the words *mon*, *ma*, *mes* (my)

Tu as des frères et sœurs, Mélanie?

Bon, j'ai un frère mais je n'ai pas de sœurs. Mon frère s'appelle Romain. Et toi? Tu as des frères et sœurs?

Moi, non, je n'ai pas de frères et sœurs. Je suis fils unique, moi. Il a quel âge, Romain?

Il a 15 ans.

1 Lis et écoute. Trouve les paires.
Read and listen. Find the pairs.
Exemple: **1 – d**

1 sisters   a fils unique
2 a brother   b un frère
3 my brother   c je n'ai pas de
4 I don't have any d des sœurs
5 only son   e mon frère

2 **Focus sur... saying 'I do not have'**

a Do you remember how to say 'I don't have a dog' and 'I don't have any pets'? What is missing in these sentences?
Je ......'ai .... chien.
Je ......'ai ....'animaux.

b So, what does *je n'ai pas de frères* mean?

c How does Manny say that he has no brothers and sisters?

3 Trouve les phrases fausses.
Find the two false sentences.

a Manny n'a pas de sœurs.
b Mélanie n'a pas de frères.
c Mélanie est fille unique.
d Manny n'a pas de frères.
e Manny est fils unique.

4 **Mots-clés**

Look at the words *et* and *mais* in the sentence below. Which means 'and' and which means 'but'?

J'ai un chien et un chat mais je n'ai pas de frères!

5 Interviewe 3 copains: 'Tu as des frères et sœurs?' Dessine les réponses.
Interview 3 friends: *'Tu as des frères et sœurs?'* Draw the answers.
Exemple: *'J'ai deux sœurs'* =

trente
30

2 MA FAMILLE

6 Écoute Manny. Lis le texte à haute voix.
Listen to Manny. Read the text aloud.

> Mon oncle Philippe habite à Paris avec ma tante Sylvie et mes deux cousins. Ma cousine a 17 ans et elle s'appelle Flo. Mon cousin Richard a 19 ans. Ma tante Anouchka habite à Marseille. Elle a une fille, Magali – c'est ma cousine. Magali a 11 ans. Elle est fille unique.

8 Manny parle de ses amis de Paris. Recopie et complète le texte.
Manny is talking about his friends in Paris. Copy and complete the text.

Exemple: **a** Mes

a '___ amis Paul et Kim habitent à Paris.'
b '___ copain Paul a 14 ans et ___ copine Kim a 13 ans.'
c '___ tante Anouchka et ___ cousine Magali habitent à Marseille.'
d '___ cousins Flo et Richard habitent à Paris avec ___ tante Sylvie et ___ oncle Philippe.'

Mots-thème

le copain	l'oncle
la copine	la tante
l'ami	le cousin
l'amie	la cousine
le frère	le fils unique
la sœur	la fille unique
le demi-frère	
la demi-sœur	

9 Ton copain/Ta copine est invité(e) à une fête de famille. Fais les présentations.
Your friend is a guest at a family party – make the introductions.

Exemple: – Voici mon frère.
– Salut. Tu t'appelles comment?
– Je m'appelle David.

7 Focus sur... *mon, ma, mes*

Like the words for 'a' and 'the', the words for 'my' in French change to match a masculine, feminine or plural noun.

Copy and complete the grid. You will find all the words for 'my' in Manny's speech bubble.

	masculine	feminine	plural
'a'	un	......	des (some)
'the'	......	la	......
'my'	mon	......	......

10 Décris un copain.
Describe a friend.

Exemple: Mon copain s'appelle Martin. Il a 12 ans. Il a un frère, mais il n'a pas de sœurs. Il a deux animaux – un chien et un hamster. Il habite à Rochester.

11 Pretend that one of the photos on page 27 is of your family and describe them.

Example: *Voici ma famille. Voici ma tante – elle s'appelle Anne et elle a 39 ans.*

trente et un 31

Mes amis

OBJECTIFS

You will learn...
- the singular forms of the verb *être* (to be)
- how to use the verb *avoir* to describe someone's appearance
- how to use adjectives

▶ How many sentences can you invent using *je*, *tu*, *il* or *elle* with the verb *avoir*?
Example: *J'ai 12 ans.*

Manny Regarde, Mélanie. J'ai des photos de mes copains de Paris sur mon portable. Voici mon copain Paul. Il est grand et il a les cheveux blonds et courts.
Mélanie Ah oui. Et il a les yeux verts ou les yeux bleus?
Manny Il a les yeux verts. Et voici Kim, elle a 13 ans et elle a les yeux marron. Elle est assez petite.
Mélanie Oui, elle n'est pas grande mais elle est jolie! Elle a les cheveux noirs. Et moi, j'ai les yeux de quelle couleur?
Manny Ah, euh... tu as les yeux bleus?
Mélanie Non, tu es nul! J'ai les yeux gris, moi! Et les cheveux bruns, regarde!

1 a Écoute et lis. Cherche les adjectifs et fais une liste.
Listen and read. Find the adjectives and make a list.
Exemple: grand...

b Trouve les photos de Paul et Kim.
Find the photos of Paul and Kim.

2 Choisis la bonne traduction.
Choose the right translation.
Exemple: **a** blonds

a	*blond*	blonds/noirs
b	*green*	longs/verts
c	*eyes*	amis/yeux
d	*hair*	yeux/cheveux
e	*black*	noirs/longs
f	*short*	longs/courts

Mots-thème

j'ai / tu as / il a / elle a — les — yeux — bleus / verts / gris / marron

les — cheveux — blonds / noirs / bruns / roux / longs / courts

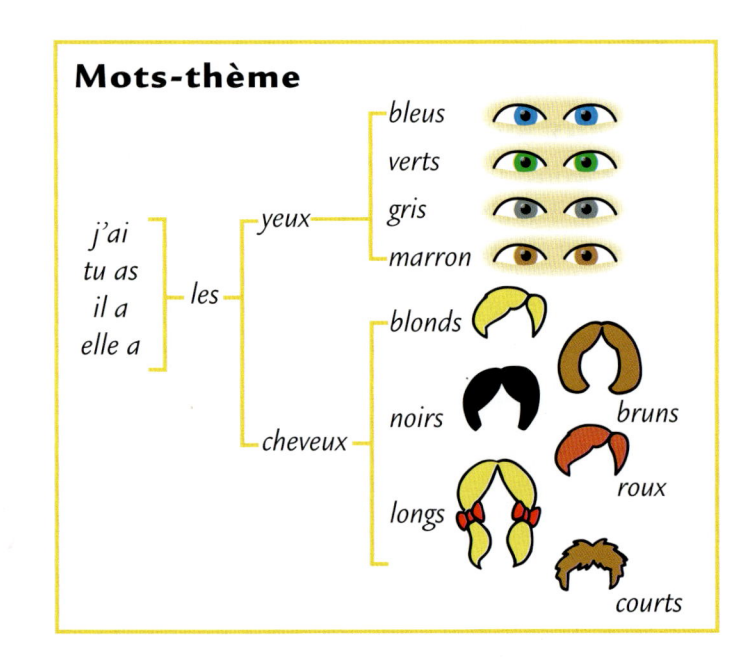

trente-deux

2 MA FAMILLE

3 Focus sur... singular forms of *être*

You use the verb *être* (to be) before adjectives to describe yourself and others:
Je suis grand. I am tall.
Tu es mince. You are slim.
Elle est petite. She is small.

a Match the answers to the questions.
Example: **1 – f**

1 *Tu es grande, Kim?*
2 *Kim est jolie?*
3 *Paul, tu es grand?*
4 *Mélanie, tu es petite?*
5 *Mélanie est grosse?*
6 *Et Paul, il est gros?*

a *Non, elle est mince.*
b *Oui, je suis assez grand.*
c *Non, il n'est pas gros.*
d *Non, je suis grande.*
e *Oui, elle est jolie.*
f *Non, je suis petite.*

b What happens to adjectives when they go with a feminine noun or pronoun? Copy and fill in the grid. What is different about the last two adjectives?

masculine	feminine
……	petite
grand	……
joli	……
mince	……
……	grosse

4 Écoute et regarde. Note les photos dans le bon ordre.
Listen and write down the photos in the correct order.
Exemple: Mélanie 3, …

5 Dessine un poster: décris 'le criminel'.
Exemple: Il s'appelle Bart.
Il est petit. Il a…

⏸ How much do you know about adjective endings: when do you add an *-e/-s*?

⏸ When can you hear the difference between masculine and feminine adjectives, e.g. *petit/petite*?

trente-trois

33

Il/Elle est comment?

▶ Can you remember how and when to use *comment*? What does it mean?

▶ Find or think up 3 sentences using *comment*.

OBJECTIFS

You will learn…
- how to say what your family and friends are like
- to use more adjectives
- how to build longer, more interesting sentences, using *un peu*, *assez* and *très*

Élodie présente sa famille…

1 Mon grand-père s'appelle Jean-François. Il a 54 ans. Il est assez petit et un peu gros mais il est sportif. Il est très marrant mais très bête aussi!

2 Ma mère Corinne a 35 ans. Elle est petite et elle est sympa, marrante et très intelligente.

3 Et mes frères, Simon et Thomas. Ils ont 14 ans.

4 Simon est grand et sportif. Il a beaucoup d'amis.

5 Thomas est intelligent et assez sérieux. Il n'est pas timide. Il est très énergique.

6 Et moi, Élodie? Je suis comment? Sérieuse? Mais non! Sportive? Un peu. Intelligente? Très! Salut!

1 Vrai ou faux?
  a Élodie a les cheveux blonds et les yeux marron.
  b Corinne n'est pas grande.
  c Le grand-père a quarante-quatre ans.
  d Jean-François est très gros et assez grand.
  e Simon est grand.

2 Écoute et lis. C'est quel membre de la famille?
  a Il est intelligent et sérieux.
  b Il est drôle et bête.
  c Elle est sportive et intelligente.
  d Il est sportif.
  e Elle est intelligente et sympa.

3 À deux. Jeu de mémoire. Ils sont comment? Tu gagnes 1 point par adjectif.
Memory game. What are they like? You score 1 point for each adjective you use.
A: Élodie
B: Elle est comment? Elle est sportive?
A: Oui, elle est sportive.
B: Simon… etc.

trente-quatre

2 MA FAMILLE

4 Recopie et complète les descriptions.
  a Corinne est une femme* intelligente.
  b Simon est un garçon ......
  c Thomas est un garçon ...... et ......
  d Élodie est une fille ...... et ......

  *une femme a woman

5 À deux. Regardez les photos, inventez des détails et posez des questions. C'est quelle personne?
Look at the photos, make up some details and ask each other questions. Which person is it?

Benoît, 19 ans

Nathalie, 18 ans

Amélie, 33 ans

Kevin, 21 ans

Exemple:
  A: J'ai choisi.
  B: C'est un homme ou une femme?
  A: C'est un homme.
  B: Il a les cheveux longs et noirs?
  A: Non, il a les cheveux courts et noirs.
  B: C'est Benoît?
  A: Oui, à toi...

Mots-thème

Voici...
mon père, mon grand-père, mon frère.

Voici...
ma mère, ma grand-mère, ma sœur.

Il est...
bête
énergique
grand
gros
intelligent
joli
marrant
petit
populaire
sérieux
sportif
sympa
timide

Elle est...
bête
énergique
grande
grosse
intelligente
jolie
marrante
petite
populaire
sérieuse
sportive
sympa
timide

Focus sur... position of adjectives

Remember, when you use nouns such as *un garçon, une fille, un homme, une femme*, most adjectives follow the noun:

Élodie est une fille **intelligente** et **sportive**. Elle a les cheveux **blonds** et **longs** et les yeux **marron**.

Mots-clés

Use these words to make your descriptions more interesting and varied:
assez   quite, fairly
très   very
un peu   a bit, a little

Mon grand-père est **assez** petit, **un peu** gros et **très** marrant.

‖ Can you make these sentences more interesting?
Example: a *Simon est grand et très sportif.*

  a Simon est grand. Il est très sportif.
  b Thomas est grand. Il est intelligent. Il est assez sérieux. Il n'est pas timide.
  c Corinne est petite. Elle est très intelligente. Elle est sympa.

‖ Write some interesting descriptions of yourself.
Moi? Je suis...

trente-cinq
35

L'Académie des Stars

▶ Look at this page and pick out all the French verbs, adjectives and nouns.

▶ What are your first impressions of Éliane?

Manny et Mélanie regardent le site web de l'Académie des Stars. Voici la page d'Éliane, une belle femme de 23 ans, chanteuse mais pas encore célèbre!*

**pas encore célèbre* not yet famous

OBJECTIFS

You will learn...
- to read and listen to longer texts
- more about adjectives
- to pronounce accented letters in French: é, è, ç, ô

Mots-thème

Il est...
beau/gros/célèbre/
sportif/fort/gentil

Elle est...
belle/grosse/célèbre/
sportive/forte/gentille

ACADÉMIE des STARS

PASSEPORT
PHOTOS
MEMBRES
NOUVELLES
FINALISTES
ACCUEIL

Mon prénom: Éliane
Mon âge: 23 ans
Mon signe: Capricorne
J'habite à: Vendôme
Ma musique préférée: la musique de Madonna et de Céline Dion
J'aime: les week-ends avec ma famille et mes amis, et les restaurants chinois
Je n'aime pas: les personnes bêtes et impolies
Ma personne préférée: mon frère Kevin, qui est aussi à l'Académie!
Mon point fort: Je suis très énergique et très sportive.
Mon point faible: J'adore le chocolat, mais je ne veux pas être grosse!
Mes loisirs: le surf, la gymnastique, le cinéma, la musique
Mon rêve: être chanteuse célèbre

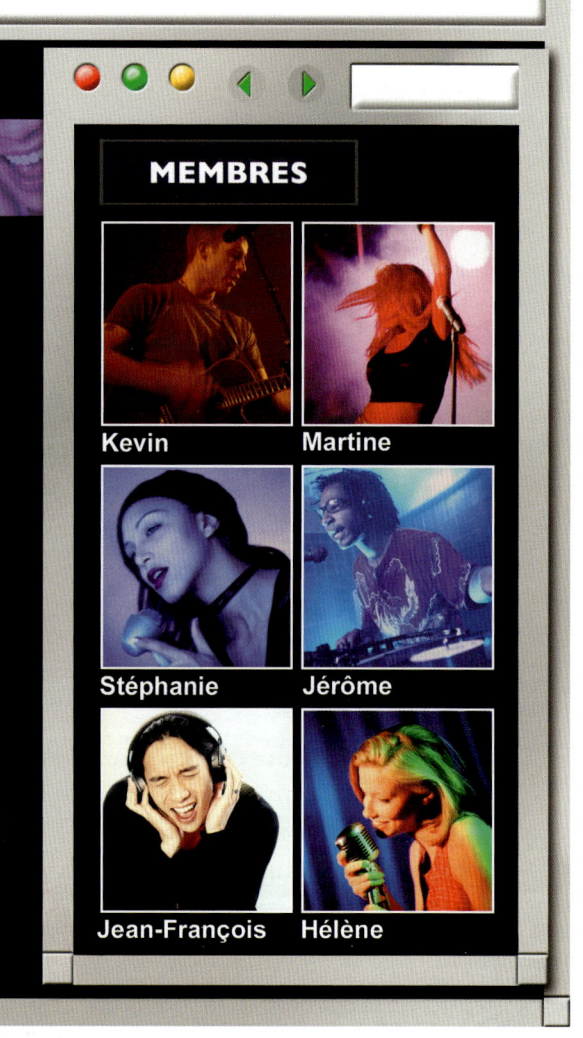

MEMBRES

Kevin — Martine
Stéphanie — Jérôme
Jean-François — Hélène

---

1 Comment dit-on en français...?
How do you say... in French?
a *My favourite music*
b *Chinese restaurants*
c *Stupid and impolite people*
d *My favourite person*
e *My dream*

2 Vrai ou faux?
a Éliane n'est pas sportive.
b Elle a un frère qui s'appelle Jean-François.
c Le frère d'Éliane est aussi à l'Académie des Stars.
d Elle déteste le chocolat.
e Elle habite à Nice.

2 MA FAMILLE

3 À deux. Reportage. Interviewe Éliane.
Exemple: A: Tu t'appelles comment?
B: Je m'appelle Éliane.

Interview à l'Académie des Stars
- Tu t'appelles comment? ......Éliane......
- Tu as quel âge? ....
- Ton signe, c'est quoi? ....
- Tu habites où? ....
- Ta musique préférée, c'est quoi? ......
- Tu (n') aimes (pas) quoi? ....
- Ta personne préférée, c'est qui? ....
- Ton point fort, c'est quoi? ....
- Et ton point faible? ....
- Et tes loisirs? ....
- Ton rêve, c'est quoi? ....

« Accent français »
Learn this family of accents that live over or under letters – they change the sound and the spelling of words:
- ´ an acute accent: **Éliane, Mélanie, René**
- ` a grave accent: *voilà ma mère, mon frère*
- ^ a circumflex: *Jérôme n'est pas bête*
- ¸ a cedilla, used under the letter 'c' followed by 'a', 'o' or 'u' to make it sound like -ss: *François et Françoise sont Français*

Remember them like this:

Fais face aux accents

4 À toi! Complète la page web de Kevin, le frère d'Éliane. Recopie les bons détails.
Copy and complete Kevin's (Éliane's brother's) web page.
Exemple: Mon prénom: Kevin
Mon âge:...

- J'ai beacoup d'amis
- le théâtre et la musique
- les personnes trop sérieuses
- ma sœur Éliane
- Kevin
- être chanteur célèbre
- Sagittaire
- Je ne suis pas sportif, et je suis un peu gros
- les week-ends avec mes copains
- 22 ans
- le Rap at le Hip-Hop

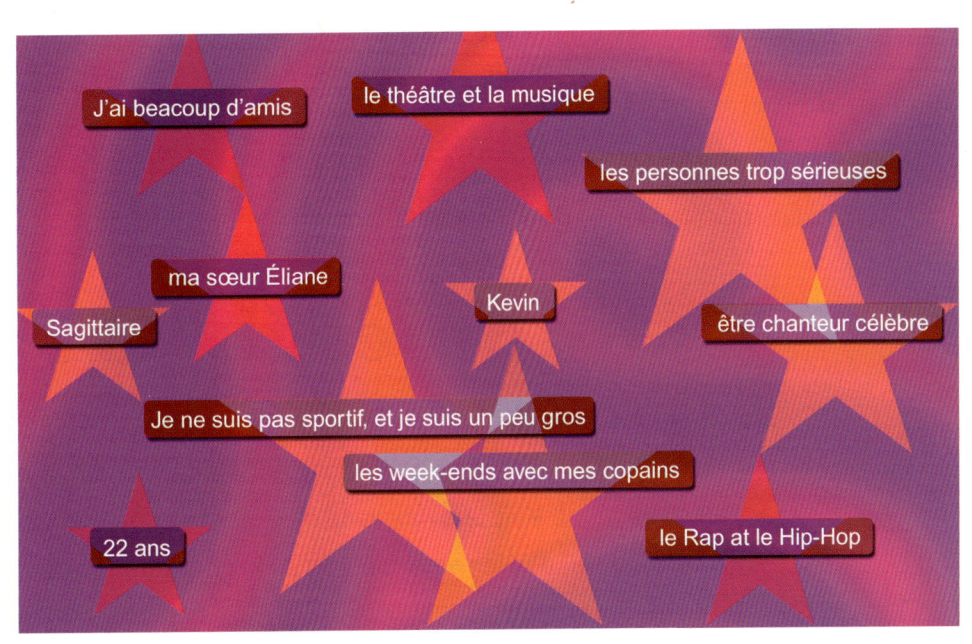

5 Imagine que tu es star à l'Académie. Dessine ta page web.
Imagine you're one of the stars of the Académie. Design your own web page.

▌▌ Write 2 or 3 sentences about a celebrity, using as many words as you can containing accents (à, ç, è, é, ô, ê).

▌▌ Read your sentences aloud to your partner, who will check your pronunciation and spelling.

trente-sept
37

Revue

1 Écoute et lis.

La Famille Fantôme
La Famille Fantôme hante ma maison
(ouh! ouh! ouh! ouh!)...

Ça, c'est le père
Il s'appelle Robert
Il est grand et très marrant
Mais il n'est pas très intelligent.

Ça, c'est la mère
Elle s'appelle Marie-Claire
Elle est très intelligente
Mais elle est assez marrante.

Ça, c'est le frère
Il s'appelle Jean-Pierre
Il est timide et très petit
Mais comme fantôme il est gentil.

Ça, c'est la sœur
Elle s'appelle Anne-Fleur
Elle est mince et sympathique
Mais elle n'est pas énergique.

2 Identifie les fantômes.
Exemple: **a** Robert

a C'est un fantôme très marrant.
b Elle a un frère qui s'appelle Jean-Pierre.
c Elle n'est pas bête et elle est marrante.
d C'est un petit fantôme timide.

3 Lis les lettres 'Fantômes flirts', puis écris ta propre lettre.
Read the 'Fantômes flirts' letters, then write your own letter.

Fantômes flirts

Tu as les yeux bleus? Tu as les cheveux courts et blonds? Tu es marrant, énergique et intelligent? Super! Tu es mon fantôme idéal! Moi, je suis grand et très énergique, mais je suis gentil. J'ai les yeux marron et les cheveux longs et roux. Écris-moi!

♥ ♥ ♥ ♥ ♥ ♥ ♥ ♥ ♥ ♥ ♥ ♥

Salut! Ouh, ouh, ouh! C'est moi! Je suis assez grande et très dynamique, mais je ne suis pas sportive. J'ai les yeux noirs et les cheveux bleus et rouges. Et toi, tu es comment? Tu es mon fantôme flirt? Écris-moi vite!

Je sais...

I know how to...
- use the words for 'the': *le* with masculine nouns, *la* with feminine nouns and *les* with plural nouns
- use the words for 'my': *mon* with masculine nouns, *ma* with feminine nouns and *mes* with plural nouns
- talk about family members: *ma mère, mon père, mes grands-parents*
- understand and use the numbers 30 to 70 in French
- use the verb *avoir* (to have)
- say whether I have brothers and sisters: *j'ai un frère mais je n'ai pas de sœurs; je suis fils/fille unique*
- say how old someone is: *il a 15 ans; ma mère a 42 ans*
- make longer sentences using the connectives *et* (and) and *mais* (but)
- describe someone's hair and eyes using the verb *avoir*: *Sébastien a les cheveux courts et noirs; il a les yeux verts; moi, j'ai les yeux marron*
- make statements about someone's personality and appearance using the verb *être* (to be): *il est marrant mais elle est sérieuse; Sophie est petite et mince; mon frère est grand et sportif*
- make adjectives agree with masculine and feminine nouns and pronouns: *Hélène est grande mais elle n'est pas sportive*
- pronounce the accented letters *é, è, ô* and *ç*

À toi

Imagine that you are one of the members of this family and talk about yourself. Include the connectives *et* and *mais* in your writing, as well as words such as *un peu, assez* and *très*.

★ Write two sentences.

★★ Write four sentences.

★★★ Write six sentences.

Vocabulaire

Ma famille	My family
le bébé	baby
le beau-père	stepfather
la belle-mère	stepmother
le copain	friend (masculine)
la copine	friend (feminine)
le cousin	cousin (masculine)
la cousine	cousin (feminine)
la fille	daughter
le fils	son
le frère	brother
la grand-mère	grandmother
le grand-père	grandfather
la mère	mother
l'oncle	uncle
le père	father
la sœur	sister
la tante	aunt

Les yeux et les cheveux	Eyes and hair
Tu as les yeux bleus?	Do you have blue eyes?
J'ai les yeux bleus/verts/gris/marron.	I have blue/green/grey/brown eyes.
J'ai les cheveux blonds/bruns/noirs/roux/longs/courts.	I have blond/brown/black/red/long/short hair.
Il a les cheveux bruns.	He has brown hair.

Tu as des frères et sœurs?	Have you got any brothers and sisters?
J'ai un frère et une sœur.	I have a brother and a sister.
Je n'ai pas de frères et sœurs.	I don't have any brothers or sisters.
Je suis fils/fille unique.	I am an only child.
J'ai deux frères mais je n'ai pas de sœurs.	I have two brothers but no sisters.

Tu es comment?	What sort of person are you?
beau/belle	beautiful
bête	stupid
énergique	energetic
fort/forte	strong
gentil/gentille	kind
grand/grande	tall
gros/grosse	fat
intelligent/intelligente	intelligent
joli/jolie	pretty
marrant/marrante	funny
mince	slim
petit/petite	small
populaire	popular
sérieux/sérieuse	serious
sportif/sportive	sporty
sympa	nice
timide	shy

un peu	a bit
assez	quite
très	very
Je suis très grand.	I am very tall.
Tu es mince.	You are slim.
Il est un peu gros.	He is a bit fat.
Elle est assez petite.	She is quite small.

Révisions

1 2 RÉVISIONS

Regarde les sections 'Je sais', pages 25 et 39.

1 Loto! Écoute et regarde les fiches 'Loto'. C'est quelle fiche? Et quels numéros?
Bingo! Listen and look at the bingo cards. Which card wins? What are the winning numbers?

5	17	31
7	18	52
8	19	66

a

2	11	29
6	13	37
8	18	70

b

1	15	22
7	16	38
9	18	45

c

3	12	40
4	16	53
6	17	61

d

2 Regarde la carte de France. Écris les villes.
Look at the map of France. Write down the names of the towns.

a C _ _ _ _ _ _
b P _ _ _ _ _
c R _ _ _ _ _ _
d L _ _ _
e M _ _ _ _ _ _ _ _
f B _ _ _ _ _ _ _

3 À deux. Je m'appelle comment? Sers-toi des indices!
What's my name? Use the clues!
Exemple: A: Tu habites à Rennes?
B: Non, j'habite à Paris.
A: Tu as un chat?
B: Non, j'ai deux chiens.
A: Tu t'appelles Aicha?
B: Oui. À toi.

Prénom: Sébastien
Ville: Paris
Animaux: 1 chat

Prénom: Alison
Ville: Rennes
Animaux: 2 chats

Prénom: Jonathan
Ville: Lyon
Animaux: 1 chien

Prénom: Aicha
Ville: Paris
Animaux: 2 chiens

4 Et toi? Tu t'appelles comment? Tu as un animal? Tu habites où?
Écris un mail à ton correspondant/ta correspondante en France.
What about you? What's your name? Do you have pets? Where do you live?
Write an email to your French penfriend.

quarante et un

Révisions

5 Quiz: les mois de l'année
Show how much you know about the months of the year:
- **a** What 4 months end in an '-é' sound? janvier,...
- **b** What 3 months sound their last letter? mars,...
- **c** What 4 months end in an 'r' sound?
- **d** Name the only month to end in a nasal sound.

6 Recopie et relie.
Exemple: **1 – e**

1	J'ai	a	pas d'animal
2	Je	b	où?
3	J'	c	as quel âge?
4	Je n'ai	d	yeux bleus
5	Tu habites	e	quatorze ans
6	Tu	f	m'appelle Sophie
7	C'	g	est le 11 avril
8	Elle a les	h	habite à Toulouse

7 'Avoir': trouve les bonnes expressions.
Look at the sentences in activity 6. How many different uses can you find for the verb 'avoir' (to have)?
Exemple: **1** J'ai quatorze ans – *saying your age.*

8 Rock star! Lis le profil, puis recopie et complète le texte sur Mélissa.
Read the star profile then copy and complete the description of Mélissa.

Rock star

Nom: Mélissa Maurin
Âge: 31 ans
Domicile: Bordeaux
Description: grande et mince
Cheveux: longs et bleus
Yeux: marron
Personnalité: intelligente et sérieuse, mais marrante aussi; pas sportive
Frères et sœurs: Marion et Marine

Mélissa Maurin a ... ans. Elle habite à ... Elle est grande et ... et elle a les ... et les... Elle est ... et sérieuse, ... elle est ... aussi. Elle n'est ... sportive. ... a ... sœurs, ... et ...

9 Écris ton profil pour un magazine.
Exemple: Je m'appelle ...... Je suis grand(e) et mince...

Au collège 3

Départ

OBJECTIFS

In this unit you will learn the following new language:

- **Vocabulary:** classroom items; school subjects; days of the week, times of day
- **Grammar:** possessive adjectives indicating who things belong to; plural forms of *être* and *avoir*; *-er* verbs
- **Skills:** how to express opinions; how to describe people; new ways of asking questions; how to understand gist and detail; understanding instructions
- **Pronunciation:** the sounds of *on* and *eu*; words ending in *-ez* and *-s*; the letters *qu*

You will also find out about:

- differences between French and British schools

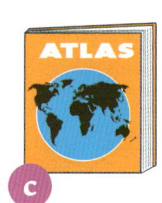

1 Trouve les bons dessins.
Exemple: **1 – b**

1 Je déteste l'histoire.
2 Marc n'aime pas le collège.
3 Tu as un atlas?
4 C'est une calculatrice.
5 Elle aime le français mais elle n'aime pas la musique.

2 Écris les phrases 1–5 en anglais.
Exemple: **1** I hate history.

quarante-trois

43

Mes affaires

▶ Read the words in the *Mots-thème* box. How many words do you know? How many look like English words?

OBJECTIFS

You will learn...
- to name classroom items and say who they belong to
- how to pronounce words ending in *-on*

Mots-thème

J'achète un cahier/un crayon/un livre/un sac/
un stylo/un taille-crayon
une calculatrice/une gomme/une règle/
une trousse
des feutres/des ciseaux
des gommes/des règles

1 Écoute. Écris la liste des affaires dans le bon ordre.
Exemple: **f**, ...

a pencil sharpener
b pencil case
c calculator
d felt tip pens
e school bag
f exercise book

2 Réécoute et lis. C'est combien?
Exemple: 1,10€...

Pour la rentrée, j'achète.

LECLERC
SAC   22,40 €
TAILLE-CRAYON   1,45 €
CALCULATRICE   4,00 €
TROUSSE   3,30 €
CAHIER   1,10 €
FEUTRES   5,25 €

3 Regarde les sacs de Paul et Kim. Complète les descriptions.

Paul a une gomme. Il a aussi...

Kim a des crayons. Elle a aussi...

i Look again at the *rentrée* school items above. Do they look the same as yours? What's different? Who do you think pays for them?

quarante-quatre

44

3 AU COLLÈGE

4 Écoute et lis.

Attention, Paul!

Attention!

Ça, c'est mon taille-crayon et ma calculatrice... C'est ta trousse?

Non, c'est sa trousse et son crayon – ce sont ses affaires!

5 Lis et trouve.
  a Find an example of 'my...'
  b Find an example of 'your...'
  c Find an example of 'her...' (singular)
  d Now find an example of 'her...' (plural)

6 a Jeu de rôle. Lisez le texte dans l'exercice 4 à haute voix.
    Role play. Read the text in exercise 4 aloud.

  b Changez les détails.
    Exemple:
    Attention, Christophe!

Mots-clés

c'est	→	**C'est une trousse.** It's a pencil case.
de	→	**C'est la trousse de Kim.** It's Kim's pencil case.
ce sont	→	**Ce sont ses affaires.** They are his/her things.
combien?	→	**C'est combien?** How much is it?
dans	→	**C'est dans le sac.** It's in the bag.

« Accent français »

Listen to the *on* sound. Can you find any words in exercise 4 with this sound? What do you notice about how you have to form this sound?

7 **Focus sur... possessive adjectives**

You have already used *mon, ma* and *mes* to say 'my...' 'Your' and 'his/her' work in the same way.

What do you think the missing words are?

	my	your	his/her
1	mon cahier	ton cahier	... cahier
2	ma trousse	... trousse	... trousse
3	mes affaires	... affaires	... affaires

Son/sa: which is it? It doesn't matter if the person speaking is male or female, the **noun** tells you which one to choose.
Exemple: *Elle a* **son** *cahier. Il a* **son** *cahier.*

\|\| Qu'est-ce que tu achètes pour la rentrée?
Exemple: J'achète un/une/des...

\|\| Qu'est-ce que ton/ta partenaire a dans sa trousse?
Exemple: Son cahier, son/sa/ses...

quarante-cinq

45

Tu aimes les maths?

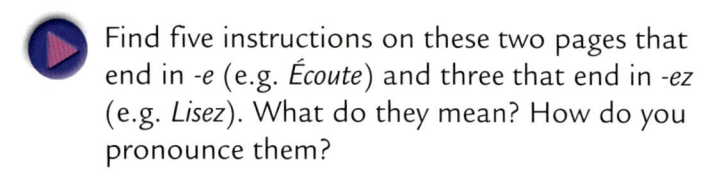

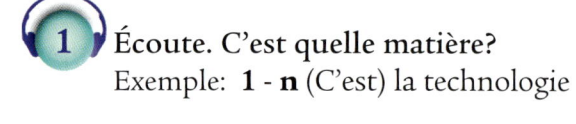

OBJECTIFS

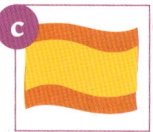

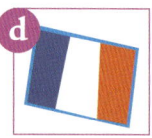

You will learn…
- to name school subjects and express opinions about them
- how to pronounce words that end in -ez

▶ Find five instructions on these two pages that end in -e (e.g. *Écoute*) and three that end in -ez (e.g. *Lisez*). What do they mean? How do you pronounce them?

1 Écoute. C'est quelle matière?
Exemple: **1 - n** (C'est) la technologie

2 Relie et fais des phrases.
Exemple: les sciences-super. J'adore les sciences. C'est super.

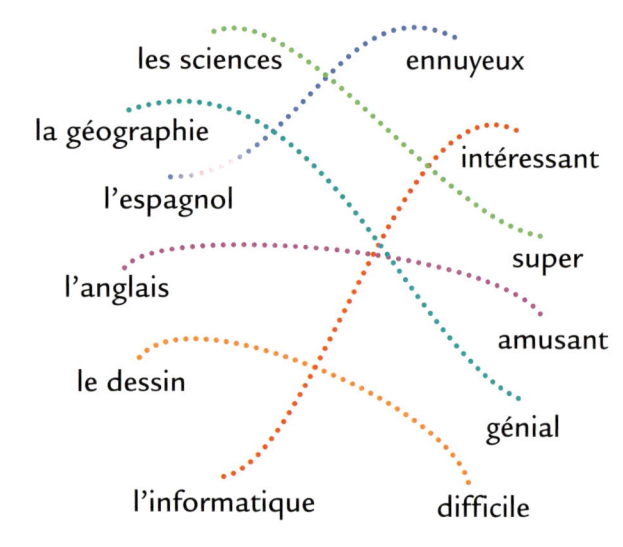

les sciences — ennuyeux
la géographie
l'espagnol — intéressant
l'anglais — super
le dessin — amusant
l'informatique — génial
— difficile

Mots-clés
faible en not good at
fort en good at

Mots-thème

Matières
J'adore — l'allemand/l'anglais/l'art dramatique/ le dessin/l'espagnol/le français
J'aime — l'EPS*/la géographie/l'histoire/ l'informatique/l'instruction religieuse/ la musique/la technologie
Je déteste — les maths/les sciences

Adjectifs et opinions
amusant/cool/difficile/ennuyeux/facile/fantastique/ génial/intéressant/nul/super
c'est bien/ce n'est pas mal/ça va

*EPS = éducation physique et sportive

3 Focus sur… **singular forms of -er verbs**

Look at the endings of these -er verbs:
adorer to love *aimer* to like *détester* to hate

I	j'ador**e**	j'aim**e**	je détest…
you	tu ador**es**	tu aim…	tu détest…
he/she	il/elle ador…	il/elle aime	il/elle …

a What is the pattern for finding the right ending for these verbs? Copy and complete the whole verb grid.

b Why is it *j'* for *aime* but *je* for *déteste*?

c The ending of the *tu* form (-es) is different from the others. Does it sound different?

3 AU COLLÈGE

4 Écoute et lis.

Oh non! On a français le lundi matin! Je déteste ça.

Par contre, on a deux heures de technologie le mardi et moi je n'aime pas ça!

Quoi? C'est génial, la techno!

Ça va. Les cours de français, j'aime bien, moi!

Regarde! On a deux heures de sport le mercredi matin! Ah, j'adore ça!

Oui, c'est cool!

5 Recopie et complète les réponses.
Exemple: Paul adore le français? Non, il déteste le français.

a Kim déteste le français? Non, elle…
b Elle aime la technologie? Non, elle…
c Et Paul? Il…
d Paul préfère le français ou le sport? Il…
e Et Kim? Elle préfère la technologie ou le sport? Elle…

6 a Jeu de rôle. Lisez le texte dans l'exercice 4 à haute voix.
b Changez les détails et jouez la scène.

Accent français

Learn how to pronounce words ending in -ez, especially classroom commands:
Regardez, écoutez, répétez.
Travaillez, jouez et sortez!

Recognise the sound? Try this sentence, too:
Regardez les mots-clés en français.

Mots-clés

pourquoi? why?
parce que c'est cool because it's cool

Donne tes opinions sur les matières.
Pourquoi? Parce que…
Exemple: Je n'aime pas l'histoire. Pourquoi? Parce que c'est ennuyeux.

Et… mais… parce que…
Exemple: Je n'aime pas l'histoire parce que c'est ennuyeux mais j'adore les sciences parce que c'est intéressant.

quarante-sept

47

Les profs et les élèves

OBJECTIFS

You will learn…
- to give opinions and describe people
- the plural forms of the verb *être* (to be)
- how to use adjectives with feminine and plural nouns
- how to pronounce words ending in *-s*

▶ Give the ages of some of your friends or family members. For example: *Mon père a quarante-neuf ans.*

1 Écoute et lis. C'est quel prof?

a Voici le prof de maths.
Il s'appelle M. Berry.
Il a 42 ans.
Il est gentil, mais il est assez strict.

b Voici la prof de sciences.
Elle s'appelle Mme Lebrun.
Elle a 29 ans.
Elle est jeune et elle est un peu distraite.

c Voici le prof de géo.
Il s'appelle M. Savary.
Il a 32 ans.
Il est marrant et énergique.

d Voici la prof de français.
Elle s'appelle Mme Poulon.
Elle a 47 ans.
Elle est très stricte et sérieuse, mais c'est une bonne prof.

3 Focus sur… adjectives

Copy and fill in the missing masculine forms.

masculin	feminin
……	stricte
……	gentille
nul	nulle
……	bonne
sérieux	sérieuse
……	ennuyeuse
jeune	jeune
……	énergique
sympa	sympa

4 Fais une description de deux profs de ton collège.
Describe two teachers from your school.

5 Accent français

a Écoute et répète:
j'ai   je   j'aime   je   j'ai   j'aime

b Recopie la grille. Écoute et écris les numéros dans la bonne colonne.
Copy the grid. Listen and write the numbers in the correct column.

je	j'ai	j'aime
……	1	……

2 À deux. Partenaire A est un des profs. Partenaire B: devine – c'est quel prof?
Réponses acceptables: 'Oui' et 'non'.
Exemple: A: Je suis quel prof? Devine!
B: Tu es une femme?
A: Non.
B: Ah, tu es un homme… Tu es très énergique?
A: Oui.
B: Tu es M. Savary, le prof de géo?
A: Oui, je suis M. Savary. À toi.

quarante-huit

48

3 AU COLLÈGE

6 Dans la salle des profs. Écoute et lis.

Oh, je déteste le lundi! Mes élèves sont très difficiles. Ils ne sont pas sages. Ils sont impossibles!

Moi, je n'aime pas Madame Poulon – elle est très difficile! Les profs sont impossibles!

Mais vous êtes trop négative, Madame Poulon! Moi, j'aime bien mes élèves! Ils ne sont pas parfaits, mais en général, ils sont sages – et ils sont marrants!

Mais non! Madame Poulon est fatiguée. Moi, je trouve que les profs sont assez gentils, en général, mais ils sont stressés!

7 Focus sur... plural forms of *être*

You already know the singular forms of *être*. Now look at the plural forms below:

nous sommes	we are
vous êtes	you are (plural)
ils sont	they are (masculine plural, or a masculine/feminine mix)
elles sont	they are (feminine plural)

What happens to an adjective when it goes with a plural noun?

Look at the photographs. Find examples of the verb *être* followed by adjectives. Copy and complete the list below.

Verbes	Adjectifs
Mes élèves sont	difficiles

8 Accent français

Watch out for silent *-s* endings on words.

Read these words aloud, then listen to the recording to check.

Verb endings	nous sommes
Plural nouns	les profs
Plural adjectives	sages, intelligents, impossibles

9 Les cours préférés de Pauline sont...
Pauline's favourite lessons are...

Écoute. Choisis **a** ou **b**.

a les maths et les sciences
b l'anglais et les maths

10 Mes cours préférés sont...
Fais une présentation.

Exemple: Mes cours préférés sont... , parce que les profs sont...
Le/La prof de... est... et...
Les élèves de ma classe sont...

11 C'est positif ou négatif?

a Elles sont sages.
b Tu es marrante!
c Ils sont intéressants.
d Vous êtes difficiles!

12 Invente des phrases positives et négatives.

quarante-neuf 49

L'emploi du temps

▶ Make sure you know the French for each of these pronouns:
- we
- you (plural)
- they (all masculine, or masculine/feminine together)
- they (all feminine)

OBJECTIFS
You will learn...
- days of the week
- times of day
- the plural forms of the verb *avoir* (to have)
- about lessons in French schools
- the sounds *qu* and *eu*

Mots-thème
lundi, mardi, mercredi, jeudi, vendredi, samedi, dimanche

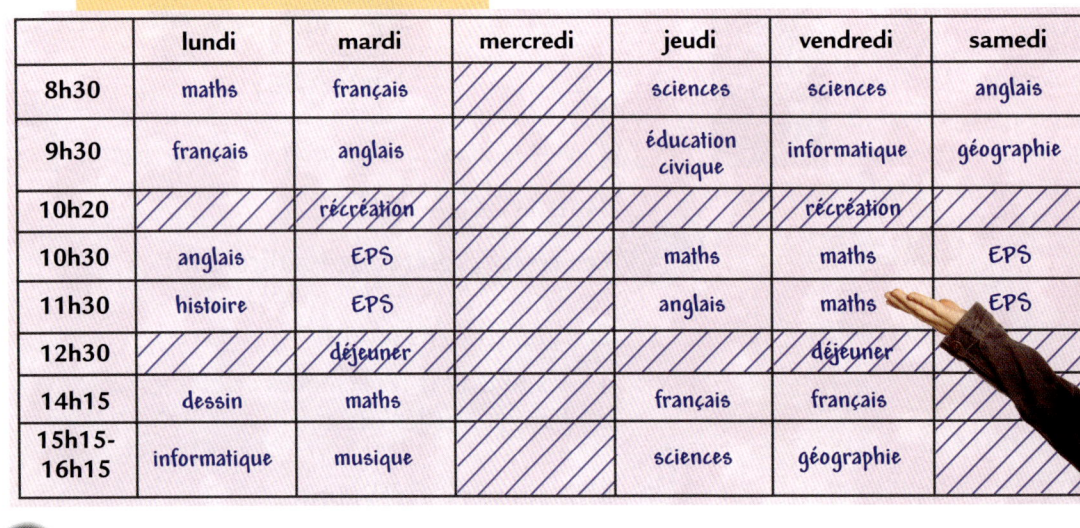

L'emploi du temps de Manon
Manon's timetable

	lundi	mardi	mercredi	jeudi	vendredi	samedi
8h30	maths	français		sciences	sciences	anglais
9h30	français	anglais		éducation civique	informatique	géographie
10h20		récréation			récréation	
10h30	anglais	EPS		maths	maths	EPS
11h30	histoire	EPS		anglais	maths	EPS
12h30		déjeuner			déjeuner	
14h15	dessin	maths		français	français	
15h15-16h15	informatique	musique		sciences	géographie	

Voici l'emploi du temps de ma classe.

1 Regarde l'emploi du temps.
Réponds aux questions a–c.
Exemple: **a** Non, c'est le mardi.

a Ils ont [calculator], [UK flag] et [violin].
C'est le lundi?

b Ils ont [computer], [calculator] et [French flag].
C'est le mardi?

c Ils ont [calculator] et [castle].
C'est le samedi?

2 Écoute Manon. Pour chaque jour, dessine 🙂 ou 😐 ou ☹.
Exemple: lundi 😐

i
Many French schools have lessons on Saturday mornings but not on Wednesdays.

Focus sur... *avoir* (to have)
Remember: singular forms of *avoir* are *j'ai, tu as, il/elle a, on a*.

Can you translate the following plural forms into English?
nous avons   vous avez   ils ont   elles ont

Listen to the *z* sound of the *-s* at the end of *nous, vous, ils* and *elles* when they are followed by a verb starting with a vowel.

cinquante
50

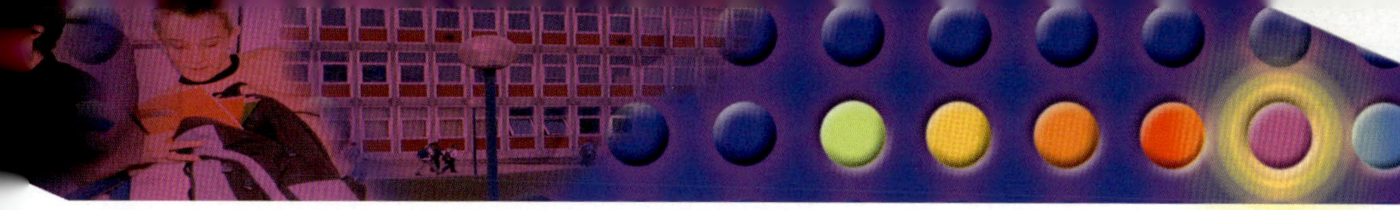

3 AU COLLÈGE

3 À deux. Imaginez que vous avez l'emploi du temps de Manon. Inventez une interview.
A: Tu aimes quel jour?
B: J'aime le mardi.
A: Pourquoi tu aimes le mardi?
B: Parce que nous avons EPS – j'aime ça.

4 Regarde les matières et les heures. C'est quel jour? Réfère-toi à l'emploi du temps à la page 50.
Exemple: **a** jeudi

a, b, c, d, e, f (images of subjects with clocks)

5 Écoute a–f. Dessine les heures.
Exemple: **a**

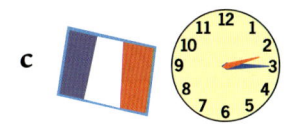

Mots-clés
You can put *que* in front of *est-ce que* to ask a 'what...?' question.
Qu'est-ce que tu aimes comme matières?
What subjects do you like?
What happens to *que*? Why is this?

6 À deux. Il est quelle heure? Référez-vous à l'emploi du temps à la page 50.
A: C'est lundi, j'ai un cours de maths. Il est quelle heure?
B: Il est 8h30. Moi, j'ai un cours de musique. C'est mardi. Il est quelle heure?
A: Il est 15h15.

7 Décris une journée au collège. Choisis:
● une journée idéale ou
● une journée horrible.
Les cours? Les heures? Les profs sont comment? Le déjeuner est à quelle heure?

Accent français
qu sounds like 'k'
Qu'est-ce *que* *Qu*entin fabri*qu*e en informati*qu*e?
What is Quentin up to in ICT?

eu sounds like 'uh'
J*eu*di à d*eu*x h*eu*res Fl*eu*r a des visit*eu*rs – son frère et sa s*œu*r!

Focus sur... *les heures* (times)
Il est quelle heure? What time is it?
Il est dix heures. It's ten o'clock.
À quelle heure? At what time?
À dix heures. At ten o'clock.

How would you say:
It's eight o'clock.
At nine o'clock.

12h30 = 12.30
13h15 = 1.15pm
'h' stands for *heures* and is always included. The 24-hour clock is used for timetables and anything scheduled, e.g. TV schedules, film times, train times, etc.
The terms a.m. and p.m. are not used in French.

What time is 19h in English?

11 Use your own timetable – can you describe a day or recognise a day when someone else describes it?

cinquante et un 51

Les cours

▶ Make a list of the adjectives you already know for expressing positive and negative opinions.

▶ How do you say 'I like', 'I don't like', 'I hate'?

OBJECTIFS

You will...
- learn the plural forms of *-er* verbs such as *aimer* (to like)
- revise the numbers 0 to 70

C'est mardi, nous avons maths à 14h15.

Un cours de maths

1 À 14h15, les élèves ont un cours de maths. Écoute la conversation de Manon et Ben. Choisis **a** ou **b**.
Exemple: 1 – a

1. Ben et Manon sont où?
   a à la cantine   b dans la salle de classe
2. C'est quel jour?
   a mercredi   b mardi
3. Le cours de maths commence...
   a à 14h15   b à 14h30
4. L'opinion de Manon sur les maths?
   a C'est utile.   b C'est difficile.
5. Est-ce que Ben aime les maths?
   a Oui, il trouve ça intéressant.
   b Non, il déteste les maths.

2 Aujourd'hui, en cours de maths, les élèves travaillent sur les statistiques et les pourcentages. Trouve les paires.
Exemple: **a** 21%

a vingt et un pour cent
b trente pour cent
c huit pour cent
d quinze pour cent
e quarante-cinq pour cent
f treize pour cent

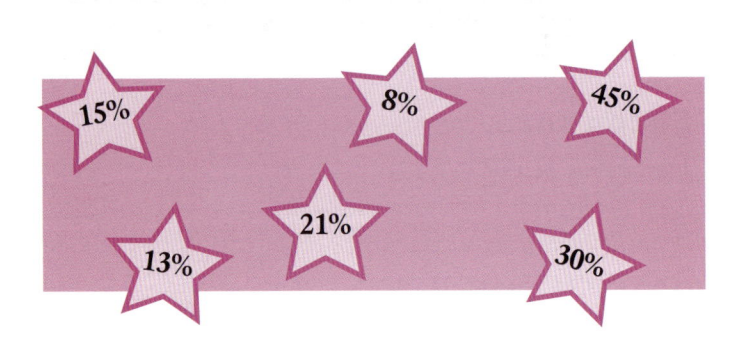

15%   8%   45%
   13%   21%   30%

3 Regarde le graphique. Réponds aux questions.
Exemple: **a** 22

a Combien d'élèves aiment l'informatique?
b Combien d'élèves aiment les maths?
c Combien d'élèves aiment les sciences?
d 18 élèves aiment quelle matière?
e Combien d'élèves aiment l'informatique et le français?

'Comme matières nous aimons...'

3 AU COLLÈGE

Voici mon collège en Transylvanie. J'adore le château.

Mes copains sont sympa… mais un peu bizarres. On arrive au collège à minuit.

On adore l'informatique parce que le web, c'est fantastique!

Après la récréation*, on a musique. Mes copains aiment les cours de musique avec mon prof préféré, Monsieur Rocky Horreur.

4 Au collège en Transylvanie. Écoute et lis.

*après la récréation
after breaktime

5 Réponds aux questions.
Imagine que c'est toi et tes copains.
Exemple: **a** On arrive à minuit.

a Vous arrivez à quelle heure?
b Vous détestez l'informatique?
c Comment vous trouvez le prof de musique?

6 **Focus sur... plural forms of -er verbs**

You have already learned the singular forms of -er verbs, now in this exercise you will learn the plural forms.

Copy and complete the whole verb grid.

	adorer	aimer	détester
we	on adore	on aim…	on détest…
we	nous adorons	nous aim…	nous détest…*
you	vous adorez	vous aim…	vous détest…
they	ils/elles adorent	ils/elles aim…	ils/elles…

* Although *nous* means 'we', people tend to use *on* much more as it also means 'we':
On a musique. We have got music.
On arrive à minuit. We arrive at midnight.

11 Prépare un mini-dossier: 'Mon collège'.
Relis 'Au collège en Transylvanie' et change les détails ou invente un autre collège.

cinquante-trois 53

Revue

1 Lis et écoute le poème d'Alexandre.

Liberté, fraternité, scolarité

C'est pas juste! C'est lundi déjà!
Oh non, ça sonne! Qu'est-ce qu'on a?
Histoire? Géo? Anglais? Musique?
Quoi, sciences? Pas fantastique!

Dix heures. C'est la récré, tu sais!*
Mes copains, un coca... et de l'air frais,**
Une pause, le foot, un sandwich... Bof!
J'aime bien ça, il n'y a pas de profs!

Mais ça sonne encore, c'est idiot.
Oh non, j'ai un cours de techno!
C'est difficile ça... c'est trop bête!
La prof est nulle... elle est distraite!

À midi à la cantine, c'est fou,
Trop d'élèves, trop de bruit... et des profs partout!
Soupe, omelette, frites et dessert
Et des disputes avec des profs sévères.

Mais à deux heures, pas de panique,
C'est Monsieur Martin et l'éducation physique.
On n'a pas de textes, pas d'exercices de français
C'est les copains, le foot... ça, c'est ok!

Alexandre, 13 ans, Toulouse

* tu sais you know   ** l'air frais fresh air

2 Le collège, c'est comme ça pour toi?
Ecris-toi aussi un poème sur le collège.

OU

Relis le poème d'Alexandre et fais des dessins/une bande dessinée.

3 Trouve la bonne réponse et écris des devinettes toi-même!

Devinette-logisoft
Mon premier est dans **gentil** mais pas dans **intéressant**
Mon deuxième est dans **géo** mais pas dans **anglais**
Mon troisième est dans **moche** mais pas dans **calme**
Mon quatrième est dans **âge** mais pas dans **matière**
Mon cinquième est dans **adore** mais pas dans **déteste**
Mon sixième est dans **récréation** mais pas dans **cours**
Mon septième est dans **page** mais pas dans **gomme**
Mon huitième est dans **fiche** mais pas dans **difficile**
Mon neuvième est dans **livre** mais pas dans **texte**
Mon dixième est dans **direction** mais pas dans **action**
Mon tout est partout dans le monde!

3 AU COLLÈGE

Je sais...

I know how to...

- name school items: *un crayon, des feutres*
- use the words for 'his' and 'her': *son* with masculine nouns, *sa* with feminine nouns and *ses* with plural nouns: *son cahier, sa calculatrice, ses ciseaux*
- ask how much something costs: *C'est combien?*
- talk about school subjects: *le français, l'histoire, la musique, les maths*
- use the *-er* verbs *aimer* (to like), *adorer* (to love) and *détester* (to hate) with nouns, to give my opinion: *j'aime les sciences; je déteste l'anglais*
- find out what someone else likes and dislikes: *Tu aimes l'informatique?*
- use the plural forms of the verb *être* to make statements about two or more people: *les élèves sont difficiles et les profs sont fatigués*
- give an opinion about something using *c'est* with adjectives: *c'est intéressant*
- ask 'why...?' and answer 'because...' using *pourquoi...?* and *parce que...*
- understand and use the days of the week in French: *lundi, mardi...*
- use the 24-hour clock in French to discuss my timetable: *Nous avons technologie à 10 heures et EPS à 14 heures.*

À toi

Invent a school timetable for one day – it has to include at least three subjects!

⭐ Write three sentences and describe one day, giving your opinion on at least one of the subjects.

⭐⭐ Write a paragraph about your invented timetable, including at least two opinions.

⭐⭐⭐ Imagine you have interviewed someone about the day. Write the script. What opinions might they give?

cinquante-cinq 55

Vocabulaire

Mes affaires	My things
un cahier	an exercise book
une calculatrice	a calculator
des ciseaux	a pair of scissors
un crayon	a pencil
des feutres	some felt tips
une gomme	a rubber
un livre	a text book
une règle	a ruler
un sac	a bag
un stylo	a pen
un taille-crayon	a pencil sharpener
une trousse	a pencil case
C'est une trousse.	It's a pencil case.
C'est la trousse de Kim.	It's Kim's pencil case.
Ce sont mes affaires.	They are my things.
C'est mon cahier.	It's my exercise book.
C'est dans le sac.	It's in the bag.

Les opinions	Opinions
amusant	fun
cool	cool
difficile	difficult
ennuyeux	boring
facile	easy
fantastique	fantastic
génial	great
intéressant	interesting
nul	rubbish
super	great
c'est bien	it's good
ce n'est pas mal	it's not bad
ça va	it's ok

Les heures	Times
Il est quelle heure?	What time is it?
Il est dix heures.	It's ten o'clock.
À quelle heure?	At what time?
À dix heures.	At ten o'clock.

Les matières	School subjects
l'allemand	German
l'anglais	English
l'art dramatique	drama
le dessin	drawing/art
l'espagnol	Spanish
le français	French
l'EPS (l'éducation physique et sportive)	sport
la géographie	geography
l'histoire	history
l'informatique	information technology
l'instruction religieuse	religious education
les maths	maths
la musique	music
les sciences	science
la technologie	technology
J'adore le français.	I love French.
J'aime les maths.	I like maths.
Je déteste l'histoire.	I hate history.

Qu'est-ce que tu aimes comme matières?	What subjects do you like?
J'adore l'anglais, c'est cool.	I love English, it's cool.
J'aime la géographie, c'est facile.	I like geography, it's easy.
Je déteste le dessin parce que c'est ennuyeux.	I hate art because it's boring.

Les jours de la semaine	Days of the week
lundi	Monday
mardi	Tuesday
mercredi	Wednesday
jeudi	Thursday
vendredi	Friday
samedi	Saturday
dimanche	Sunday
Nous avons maths le lundi.	We have maths on Mondays.
Pourquoi tu aimes le mercredi?	Why do you like Wednesdays?
Parce que nous avons sciences.	Because we have science.

Le week-end 4

▶ **Départ**

OBJECTIFS

In this unit you will learn the following new language:

- **Vocabulary:** places in town, sports, leisure activities
- **Grammar:** the verbs *aller* and *faire*; using *aimer, adorer, détester* and *préférer* with the infinitives of other verbs; the pronoun *on*; the prepositions *à* and *de*; how to recognise past tense verbs
- **Skills:** how to say where you go and what you do in your free time; how to give opinions on places and leisure activities; how to improve your reading in French
- **Pronunciation:** the sound *au*; words ending in *-tion*; the difference between *é* and *e*

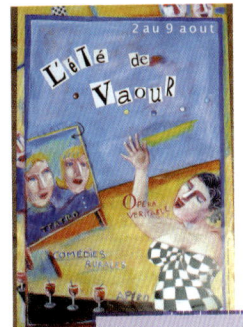

le bowling	les magasins
le café	le parc
le centre commercial	la piscine
le centre sportif	le restaurant
le cinéma	le supermarché
le club des jeunes	le théâtre

1. Many nouns for places in town are similar in French and English. How many of the place names in the box on the right can you understand? Look up the others in the vocabulary list on page 70 or in your dictionary.

2. Put the place names in your own order of preference according to where you like to go at the weekend.

cinquante-sept

57

Je vais à Montauban

OBJECTIFS

You will learn...
- places in town
- how to use the preposition *à* (to)
- the verb *aller* (to go)
- how to pronounce *au*

▶ Find the places and towns mentioned in Manny's email (right). There are 10 different places.

1 Lis le mail de Manny.

Salut!

De: Manny
Mélanie et moi.JPG (2 MB)

Salut Paul!

Tu vas toujours au club de kickboxing à Bobigny? Et le collège – c'est barbant comme toujours?

Moi, j'aime bien le collège mais je préfère le week-end. Je vais à Montauban. Le vendredi soir, je vais au cinéma ou au club des jeunes. Le samedi matin, je vais à la piscine, au centre sportif ou aux magasins et je retrouve mes copains au café (voici une photo – je suis avec Mélanie!).

Tchao
Manny

---

2 Mots-clés

The preposition *à* (to, at, in) can be followed by a town or a place name, e.g. *à Bobigny* (in/to Bobigny). However, *à* cannot be followed by *le* or *les*. *Le* and *les* are always replaced by *au* and *aux*.
Example: **à + le = au**
   Tu vas au café?
à + les = aux
   Non, je vais aux magasins.

From the chart on the right, work out how you would say:
a I'm going to the café.
b Are you going to the shops?
c No, I'm going to the library.

au — club des jeunes, café, parc, centre sportif
je vais / *tu vas* — collège, cinéma, bowling
à la — piscine, bibliothèque
aux — magasins

3 Écris les phrases.
Exemple: **a** Je vais à la piscine.

a Je vais ...... 
b Je vais ...... 
c Je vais ...... 
d Je vais ......

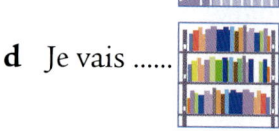

4 Accent français — *au*

Écoute et répète.

G**u**ill**au**me et Thib**au**lt ne vont pas **au** café 'Chez Cl**au**de' à Mont**au**ban – ils sont f**au**chés, les p**au**vres!

4 LE WEEK-END

5 Rap: Qui va où? Continue le rap.
Écoute et vérifie les paires.
Exemple: Tu vas où, Justine?
Moi, je vais à la piscine.
Tu vas où, Nadège?
Moi, je vais au collège.

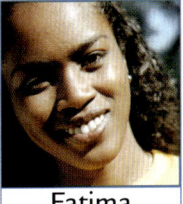

Justine Nadège Irek Martin Chloé Fatima Asif

6 **Focus sur... the verb *aller***

je vais	
tu vas	
il va, elle va, on va, Manny va	
nous allons	au, à la, à l', aux...
vous allez	
ils vont, elles vont, Manny et Mélanie vont	

Aller (to go) is an irregular *-er* verb but some parts are regular. Which?

7 Mélanie parle avec sa mère. Écoute la conversation.
Question/réponse: trouve les bonnes paires.
Exemple: **1 – b**

1 Tu vas où samedi matin?
2 Mais vous allez où, exactement?
3 Et après, vous allez où?
4 Et dimanche, tu restes à la maison?

a Oui, j'ai beaucoup de devoirs.
b Moi et Rosalie, nous allons à Montauban.
c Nous allons au centre.
d Au cinéma.

8 Réécoute. Trouve les deux phrases vraies.

a Mélanie va à Paris.
b Mélanie va à Montauban avec ses grands-parents.
c Mélanie et ses amies vont au club des jeunes vendredi.
d La mère de Mélanie va aux magasins avec sa fille.
e Les filles vont au cinéma samedi.

You can now say where you go at the weekend. Work with a partner and take turns to compare where you go.
Example: A: *Samedi matin, moi, je vais au bowling. Tu vas où?*
B: *Moi, je vais au club des jeunes. Et samedi après-midi, tu vas où?...*

cinquante-neuf 59

Un week-end à Bobigny

OBJECTIFS

You will learn...
- the pronoun *on* (we)
- how to use the verb *faire* to talk about doing various activities
- how to use *du*, *de la* and *de l'* with nouns for sports and activities
- how to pronounce words ending in *-tion*

▶ You know how to express opinions using *c'est*. How many opinions can you add to the list below?

😊	☹️
C'est génial.	C'est nul.

1 Écoute et lis.

a Qui va au bowling?   b Qui va au cybercafé?

Samedi matin, Paul retrouve Kim, Fabienne et Erwan...

Alors, on fait du shopping?

Non, c'est nul et en plus je suis fauchée, moi. On fait du bowling, comme d'hab?

Oh, non, écoutez, vous faites du bowling tous les samedis, c'est nul!

Oui, je n'aime pas le bowling. C'est barbant! Kim et moi, on va au cybercafé.

D'accord, c'est cool, mais Erwan et moi, on va au bowling. D'accord?

Oui, d'accord. Tchao.

2 Mots-clés

On is often used to mean 'we'.
On va à la piscine?
Shall we go to the pool?

a Which part of a verb goes with *on*?
b How does Paul say 'We're going to the Internet café'?

3
Samedi après-midi au cybercafé, Kim et Paul regardent des sites. Ils parlent de sport. Écoute. Note les sports dans le bon ordre.
Exemple: **c**,...

a on fait du karaté    b on fait de l'aérobic
c on fait du kickboxing    d on fait de la natation   e on fait de la musculation 

soixante

60

LE WEEK-END

4 Regarde les photos. On fait quoi? Où?
Exemple: **1 – a**

1. C'est le collège.
2. C'est le bowling. 
3. C'est le centre sportif. 
4. C'est la piscine. 
5. C'est le gymnase. 

Ici...
a Kim et ses copines font de l'aérobic.
b Kim fait de la natation.
c Daniel fait de la musculation.
d Paul fait du kickboxing.
e Erwan et Fabienne font du bowling.

5 Focus sur... *faire de...*

Faire is an irregular verb; you should learn it off by heart because you will need it in many contexts. To say you do an activity, you use it with *de* and a noun, e.g. *Je fais du kickboxing.*

Like *à*, the preposition *de* cannot be followed by *le* or *les*. Instead, it is replaced by *du* and *des*.
   de + le = du   de + les = des

a Work out how you would say:
- he does kickboxing
- you (*tu*) do weight training
- Martin and Céline do athletics.

je fais tu fais il fait/elle fait/on fait nous faisons	du	*kickboxing*, *bowling*, *judo* *trampoline*, *jogging*
vous faites ils font/elles font/Martin et Céline font	de la	*natation*, *musculation*
	de l'	*aérobic*, *athlétisme*

b Make up three sentences using the chart.

6 Accent français — *-tion* endings

a Écoute et répète.
Elle a une compétition de natation – c'est une question de musculation!

b Lis à haute voix. Écoute et vérifie.
pollution, solution, nation, invention, position

▌▌ You can now talk about doing a large variety of activities. Imagine you are a sports fanatic and describe your week.

soixante et un 61

Mes passe-temps préférés

OBJECTIFS

You will...
- revise sports and leisure activities and say which you like and dislike
- revise regular -er verbs in the present tense
- learn the difference between 'jouer à...' and 'jouer de...'
- conduct a class survey about sports

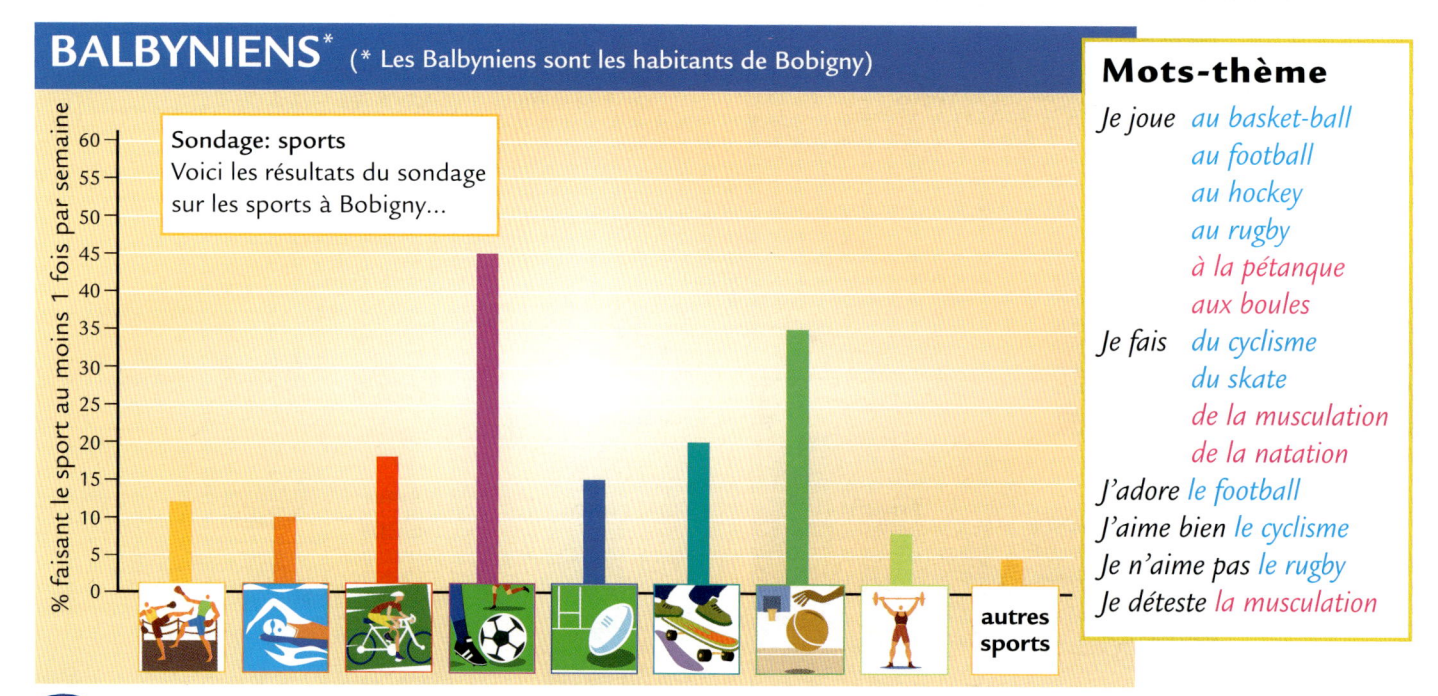

▶ Predict the 5 most popular and least popular sports in your class. Keep your list for when you have completed the survey.

BALBYNIENS* (* Les Balbyniens sont les habitants de Bobigny)

Sondage: sports
Voici les résultats du sondage sur les sports à Bobigny...

% faisant le sport au moins 1 fois par semaine

autres sports

Mots-thème

Je joue au basket-ball
         au football
         au hockey
         au rugby
         à la pétanque
         aux boules
Je fais du cyclisme
         du skate
         de la musculation
         de la natation
J'adore le football
J'aime bien le cyclisme
Je n'aime pas le rugby
Je déteste la musculation

1 Lis et écoute les résultats du sondage. C'est quel sport?
Exemple: **a** 8 pour cent: (c'est) la musculation

2 Écris les réponses de Kim et Paul à la question: tu aimes...?
Exemple: **a** Tu aimes le rugby, Kim?
Kim: Non, je déteste ça!

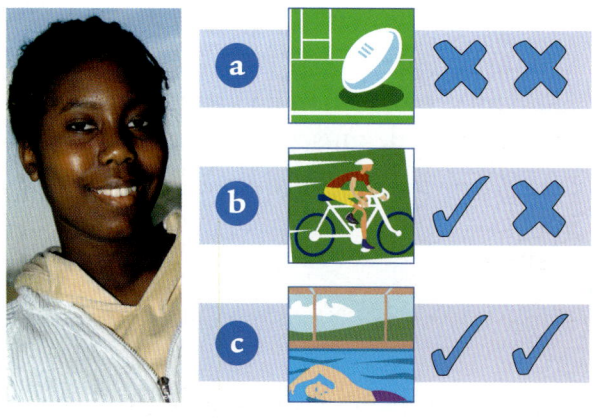

✓✓✓ Oui, j'adore ça
✓✓ Oui, j'aime bien
✓✗ Bof, ça va
✗ Non, je n'aime pas ça
✗✗ Non, je déteste ça!

3 Écoute et vérifie tes réponses.

soixante-deux

LE WEEK-END

4 Écoute et lis. Vrai ou faux?
Exemple: **a** faux

- **a** Le groupe 'Mélodie' fait un concert samedi.
- **b** Mélodie joue du violon au concert.
- **c** Jordan joue du saxophone au concert.
- **d** On joue au football et au basket-ball au club des jeunes.
- **e** Élodie joue du saxophone et de la guitare.

On va au club des jeunes, Élodie? C'est bien – on joue au basket, au foot, au ping-pong... et on fait un concert vendredi.

Ah bon? On danse aussi, Jordan?

Bien sûr, le groupe est cool. Il s'appelle 'Mélodie'.

'Mélodie', c'est le groupe d'Élodie: elle joue du saxo et de la guitare. Salut! À vendredi!

D'accord, à vendredi, alors...

5 Corrige les erreurs.
Exemple: **a** Le groupe 'Mélodie' fait un concert vendredi.

Mots-thème

Je joue Élodie/ Paul joue Il/Elle joue	du clavier	du piano	du violon
	de la batterie	de la flûte	de la trompette

Je Élodie/ Paul Il/Elle	ne joue pas d'instrument

6 **Focus sur...** *jouer du/de la*

For playing sports, use *jouer à*, but for playing musical instruments use *jouer de*.

Choose the right word(s) to complete the sentences.

- **a** Je joue ...... rugby.
- **b** Tu joues ...... clavier?
- **c** Il .... batterie.
- **d** Elle .... flûte.
- **e** Je ne ...... pas d'...... .

7 Et toi? Parle de tes sports et de tes instruments préférés.
Exemple: J'adore le sport. Le week-end, je joue au basket et je fais du cyclisme. J'aime aussi la musique. Je joue de...

II À deux. 'Jouer à...' ou 'jouer de...'?
- **a** Discutez en anglais.
- **b** Faites le jeu des mimes.

soixante-trois

Qu'est-ce que tu aimes faire?

OBJECTIFS

You will learn...
- more leisure activities
- how to use *aimer*, *adorer*, *préférer* and *détester* with the infinitives of other verbs

▶ Sort the words in the box under the three headings and add at least one to each list.

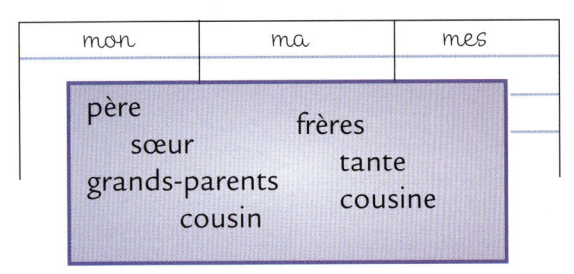

mon	ma	mes

père
sœur   frères
grands-parents   tante
    cousin   cousine

Mon week-end de rêve? Alors, j'aime surfer sur Internet et j'adore jouer avec l'ordinateur, et j'adore aussi faire de la randonnée et du VTT. Mon grand-père n'aime pas ça, il trouve ça trop ennuyeux. Il préfère faire des arts martiaux: le judo, par exemple, parce que c'est très énergique. Moi, je n'aime pas ça, c'est très agressif et trop dangereux.

Et les cousins? Alors, ils préfèrent faire des activités très faciles. Par exemple, ils aiment jouer aux boules, ils adorent faire du pédalo. Quelle horreur! Mon cousin Jean-Pierre aime jouer aux cartes – c'est nul! Ils aiment jouer au ping-pong aussi mais ils sont nuls en sports.

1 Écoute et lis. Identifie les opinions positives et négatives. Dessine ☺ ou ☹.
Exemple: **a** ☺

- **a** Thomas 
- **b** Grand-père 
- **c** Cousins 
- **d** Thomas 
- **e** Grand-père 
- **f** Cousins 
- **g** Grand-père

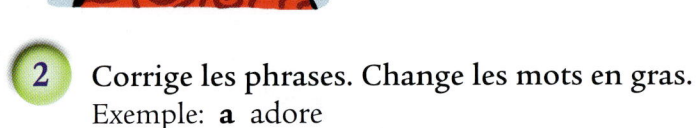

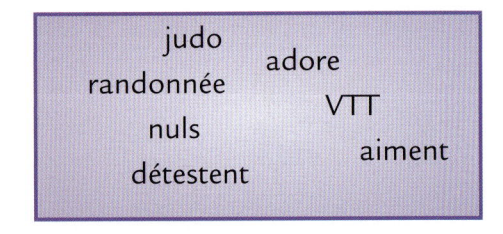

2 Corrige les phrases. Change les mots en gras.
Exemple: **a** adore

judo   adore
randonnée   VTT
nuls   aiment
détestent

a Thomas **déteste** faire de la randonnée.
b Il aime faire du **pédalo**.
c Le grand-père n'aime pas faire de la **natation**.
d Il préfère faire du **foot**.
e Les cousins **détestent** jouer aux boules.
f Ils sont **forts** en sports et ils **adorent** faire de l'exercice.

soixante-quatre

64

4 LE WEEK-END

3 Focus sur... saying what you like and don't like doing

You can use *aimer, adorer, préférer* or *détester* with the infinitives of other verbs to say what you like and don't like doing.
Je **déteste faire** de la randonnée. (Je déteste + faire de la randonnée.)
Ils **aiment jouer** aux boules.
Ils **adorent faire** du pédalo.

Write sentences expressing the opinions in exercise 1.
Exemple: **a** Thomas déteste faire du judo.

4 Écoute et regarde les images. Écris les lettres des activités mentionnées.
Exemple: 1 – c, …

Les jeunes de Bobigny et les passe-temps

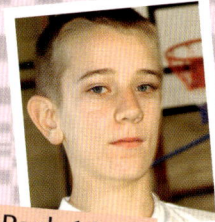

Paul, 14 ans
Kim, 14 ans 
Fabienne, 15 ans
Daniel, 16 ans

5 Choisis a) ou b).
  a Paul aime faire a) du karaté b) du judo.
  b Il préfere faire a) de l'aérobic b) du kickboxing.
  c Kim a) déteste b) aime faire de la natation.
  d Elle a) adore b) aime jouer au badminton.
  e Daniel aime regarder a) les matchs de basket b) les matchs de badminton.
  f Il a) aime b) déteste faire de la musculation.
  g Fabienne a) déteste b) adore le basket.
  h Elle préfere a) faire du sport b) surfer sur Internet.

6 À deux. Interviewe ton/ta partenaire. Il/Elle aime quoi comme passe-temps?
A: Tu aimes quoi comme passe-temps?
B: J'aime jouer avec l'ordinateur. C'est génial! J'aime aussi jouer aux cartes.
A: Tu aimes faire du sport?
B: Oui, j'adore jouer au badminton, et j'aime faire de l'aérobic.

In five minutes, how many questions and answers can you think of to do with sports and activities?
Think about:
● what you do
● what you like
● what you don't like
● where you go.

soixante-cinq

65

Qu'est-ce que tu as fait?

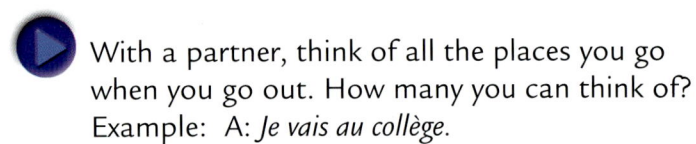

OBJECTIFS

You will learn...
- to spot the difference between verbs in the present tense and the past tense
- to read and hear about events that took place in the past
- to hear the difference between present tense verbs (e.g. *joue*) and perfect tense verbs (e.g. *joué*)

▶ With a partner, think of all the places you go when you go out. How many you can think of?
Example: A: *Je vais au collège.*
B: *Je vais...*

1 Regarde le billet. Écoute et lis la conversation de Manny et Paul.

ASN Basket
Association Sportive de Nanterre présente
Rencontre de basket-ball
AS NANTERRE contre **AS Bobigny**
Dimanche 15 mai 15h30
Gymnase Pablo-Picasso, Bobigny   Billets: 5 euros

— Alors, Paul, tu vas où ce week-end?
— Je vais au match avec Kim et Daniel.
— Au match de foot?
— Non, au match de basket.
— Qui joue?
— Fabienne joue pour l'équipe de Bobigny contre Nanterre.
— À Nanterre?
— Non, à Bobigny.
— Ah, c'est quand? Samedi matin?
— Non, dimanche à 15h30.
— Ça coûte cher, les billets?
— Non, ça coûte 5€.

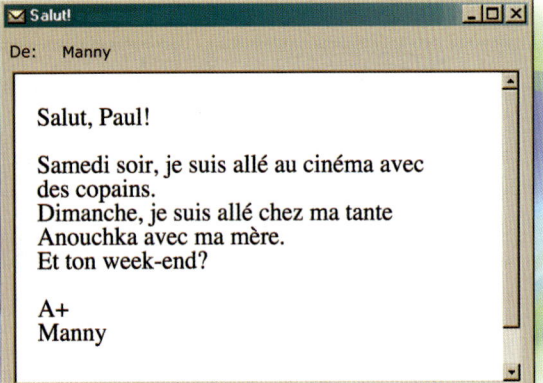

2 Écoute et lis.

```
Salut!
De:   Manny

Salut, Paul!
Samedi soir, je suis allé au cinéma avec
des copains.
Dimanche, je suis allé chez ma tante
Anouchka avec ma mère.
Et ton week-end?

A+
Manny
```

3 Focus sur... how to say 'I went...'

You know how to say 'I **am going** to the match', using the present tense of *aller*:
*Je **vais** au match.*
If you want to say 'I **went** to the match', you use the perfect tense of *aller*:
*Je **suis allé** au match* if you are a boy.
*Je **suis allée** au match* if you are a girl.
Both are pronounced in the same way.

a How did Manny say: 'I went to the cinema'?
b And how did he say: 'I went to my auntie Anouchka's'?

4 Traduis en anglais. C'est au présent ou au passé composé?
Translate into English: present tense or perfect tense?

Exemple: **a** I go into town. (present)

a Je vais en ville.
b Je suis allé en ville.
c Je vais aux magasins.
d Je vais au club des jeunes.
e Je suis allé à Toulouse.
f Je suis allé au collège lundi.

4 LE WEEK-END

5 Écoute et lis. Mets les photos dans le bon ordre.

Salut!
De: Paul

Salut, Manny!

Samedi matin, j'ai joué avec l'ordinateur. Samedi après-midi, je suis allé en ville avec mes copains. Dimanche, je suis allé au match de basket avec Kim et Daniel. Quel match! Fabienne a joué pour l'équipe de Bobigny contre Nanterre. Génial, le match!

A+
Paul

a b c d

7 Accent français — -e and -é sounds

You can hear when -er verbs change from present tense to perfect tense:
*Aujourd'hui, je **joue** au tennis, mais samedi, j'**ai joué** au rugby.*

Écoute. C'est au présent (-e) ou au passé composé (-é)?
Copie et complète la grille.

Présent	Passé composé
1 joue	

6 Focus sur... how to say 'I played...'

You know how to say 'I **play** basketball', using the present tense of *jouer*:
*Je **joue** au basket.*
If you want to say 'I **played** basketball', you use the perfect tense of *jouer*:
*J'**ai joué** au basket.*

a How did Paul say: 'I played on the computer'?
b Translate into English: is it present or perfect?

Example: **a** I play football. (present)

a Je joue au football.
b J'ai joué au football.
c J'ai joué au hockey.
d Mardi, je joue au tennis.
e Vendredi, j'ai joué au badminton.
f Samedi, j'ai joué au volley et au rugby.

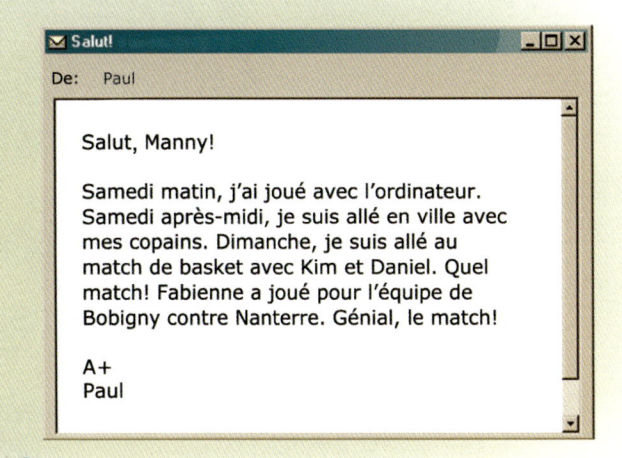

8 Relie les phrases.
Exemple: 1 – c

1 Lundi, j'ai joué   a allé en ville
2 Samedi, j'ai   b j'ai joué au tennis
3 Lundi, je suis   c au basket
4 Ce week-end,   d ai joué du piano
5 Dimanche, je   e joué de la guitare
6 Vendredi, j'   f suis allé au supermarché

À deux. Testez-vous!
Can you pronounce these perfect tense verbs? What is the final sound each time?

j'ai surfé	j'ai répété	j'ai adoré	je suis allé
j'ai regardé	j'ai changé	j'ai préféré	
j'ai écouté	j'ai aimé	j'ai détesté	

soixante-sept 67

Revue

Le Tour de France

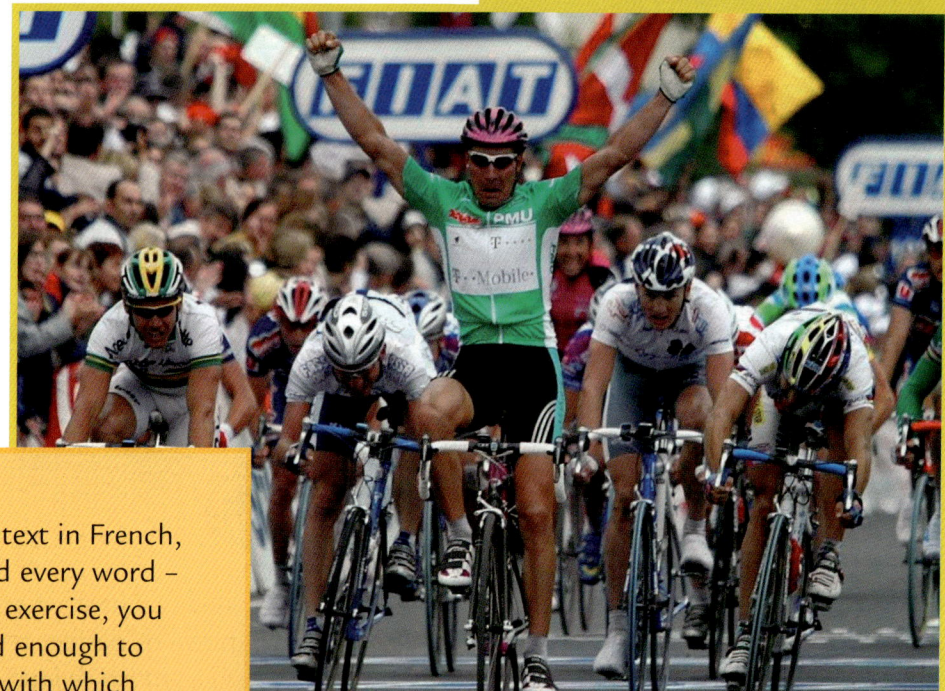

Stratégie
When you are reading a new text in French, you don't need to understand every word – just work out the gist. In this exercise, you should be able to understand enough to work out which answer goes with which question. You don't have to do them in order – do the ones you find easiest first, then look again at the others.

1 Trouve les bonnes réponses.
1 C'est quoi?
2 C'est quand?
3 C'est où?
4 Il y a des cyclistes qui ne sont pas français?
5 C'est combien de kilomètres?
6 La course se termine où?
7 Combien de cyclistes?
8 Le maillot du vainqueur est de quelle couleur?

a Oui, il y a des cyclistes de différentes nationalités.
b Par un circuit qui passe par toute la France.
c À Paris, sur les Champs Élysées.
d Ça varie – il y a entre 20 et 25 équipes; chaque équipe = 9 personnes
e C'est une course cycliste.
f Il est jaune.
g Ça varie – entre 3000 et 3500km.
h Une fois par an, au mois de juillet.

2 Écris le profil de ton héros sportif/ta héroïne sportive.

Profil de Christophe Moreau, cycliste français
Date de naissance: le 2 juillet 1976, à Vervins
Apparence physique: il est assez grand (1,86m), il a les cheveux blonds et les yeux bleus
Il aime: le vin, faire du sport, manger au restaurant avec ses copains
Son caractère: il est impulsif et marrant
Son entraînement: il fait du vélo, bien sûr, et de la musculation

4 LE WEEK-END

Je sais...

I know how to...

- name places in town: *le club des jeunes, la piscine, les magasins*
- change the preposition *à*, if necessary, before the definite article *le, la, les*: **au** *stade,* **à la** *bibliothèque,* **aux** *magasins*
- use the verb *aller* in the present tense to say where people go: *je* **vais** *au cinéma, tu* **vas** *au stade*
- pronounce the letters *au*: *Guillaume va* **au** *café à Montauban*
- use the pronoun *on* to say 'we': *on va au cybercafé*
- use the present tense of the irregular verb *faire* with *du, de la, de l'* to talk about sports and other activities: *je fais du kickboxing; tu fais de la musculation?; on fait de l'aérobic*
- pronounce words ending in *-tion*: *question, natation*
- use the verb *jouer* with *à* to talk about playing sports and with *de* to talk about playing musical instruments: *je joue au rugby; elle joue de la batterie*
- talk about activities people like and dislike doing, using the infinitive: *j'aime* **faire** *de la randonnée; elle déteste* **surfer** *sur Internet*
- spot the difference between some verbs in the present and perfect tense: *aujourd'hui, je joue au tennis, mais samedi j'ai joué au foot; aujourd'hui, je vais au collège, mais lundi matin je suis allé au stade*
- improve my reading skills in French using clues and resources, such as a dictionary

À toi

Write a short text about yourself for a French magazine. Talk about where you go and what you do, such as the sports you play. Try to include words such as *et*, *mais* and expressions of time in your writing.

★ Write three sentences.

★★ Write five sentences and include things you like to do.

★★★ Write seven sentences, including things you like and dislike doing and one or two things you have done recently.

Vocabulaire

En ville	In town
la bibliothèque	library
le bowling	bowling alley
le café	café
le centre commercial	shopping centre
le centre sportif	sports centre
le cinéma	cinema
le club des jeunes	youth club
le collège	school
les magasins	shops
le parc	park
la piscine	swimming pool
le restaurant	restaurant
le supermarché	supermarket
le théâtre	theatre
Je vais au café le samedi matin.	I go to the café on Saturday morning.
Je vais aux magasins le samedi après-midi.	I go to the shops on Saturday afternoon.
Tu vas à la piscine?	Do you go to the swimming pool?
On va au parc?	Shall we go to the park?
Je suis allé(e) au cinéma.	I went to the cinema.

Mes opinions	My opinions
J'adore le football.	I love football.
J'aime bien la natation.	I like swimming.
Je n'aime pas le cyclisme.	I don't like cycling.
Je déteste la musculation.	I hate weight training.
J'aime surfer sur Internet, je préfère faire du judo.	I like surfing the Internet, I prefer doing judo.
C'est barbant.	It's a pain.
C'est (très) ennuyeux.	It's (very) boring.
C'est (trop) dangereux.	It's (too) dangerous.
C'est nul.	It's rubbish.

Les sports	Sports
Je fais...	I do...
de l'aérobic	aerobics
de l'athlétisme	athletics
du bowling	bowling
du cheval	horse-riding
du cyclisme	cycling
du jogging	jogging
du judo	judo
du karaté	karate
du kickboxing	kickboxing
de la musculation	weight training
de la natation	swimming
de la randonnée	walking
du skate	skateboarding
du trampoline	trampolining
Tu fais de la musculation?	Do you do weight training?
Il fait du bowling.	He does bowling.
Je joue/J'ai joué...	I play/I played...
au badminton	badminton
au basket	basketball
aux boules	bowls
aux cartes	cards
au football	football
au hockey	hockey
au ping-pong	table tennis
au rugby	rugby
au volley	volleyball

Les instruments	Instruments
Je joue...	I play...
de la batterie	drums
du clavier	keyboard
de la flûte	flute
de la guitare	guitar
du piano	piano
du saxophone	saxophone
de la trompette	trumpet
du violon	violin
Je ne joue pas d'instrument.	I don't play an instrument.
Paul joue de la guitare.	Paul plays guitar.

Révisions

Regarde les sections 'Je sais', pages 55 et 69.

1 Offres spéciales. Écoute la publicité, regarde les images et note les affaires mentionnées pour la rentrée.
Exemple: **i, a**...

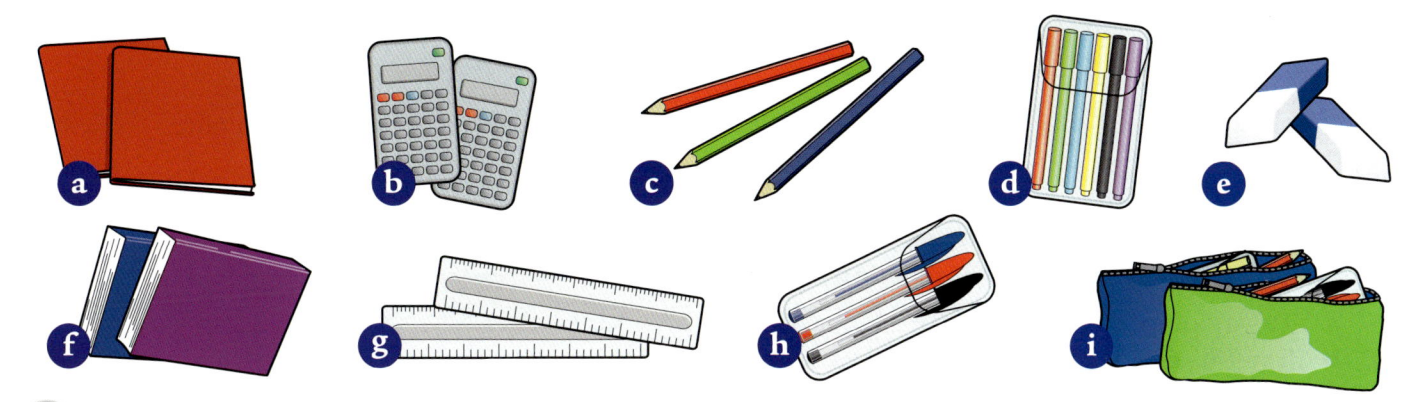

a b c d e
f g h i

2 Recopie et complète les phrases avec 'un', 'une' ou 'des'.
Exemple: **a** J'achète une trousse.

a J'achète ...... trousse.
b Moi, j'achète ...... règle, ... cahiers et ...... livres.
c Tu achètes ...... calculatrice ou ...... feutres?
d Kim achète ...... crayons, ... gomme, et ...... stylos.

3 a Écoute et lis le mail de Nathalie.

b Vrai ou faux?

1 Nathalie adore la rentrée.
2 Le collège commence à huit heures.
3 Elle est contente de son emploi du temps.
4 Elle déteste le cours de Mme Litou mardi.
5 Elle n'aime pas le dessin.
6 M. Rodez est le prof de sciences.
7 Nathalie ne travaille pas bien en français, parce qu'elle n'aime pas le français avec Mme Serre.
8 Elle n'a pas cours jeudi.

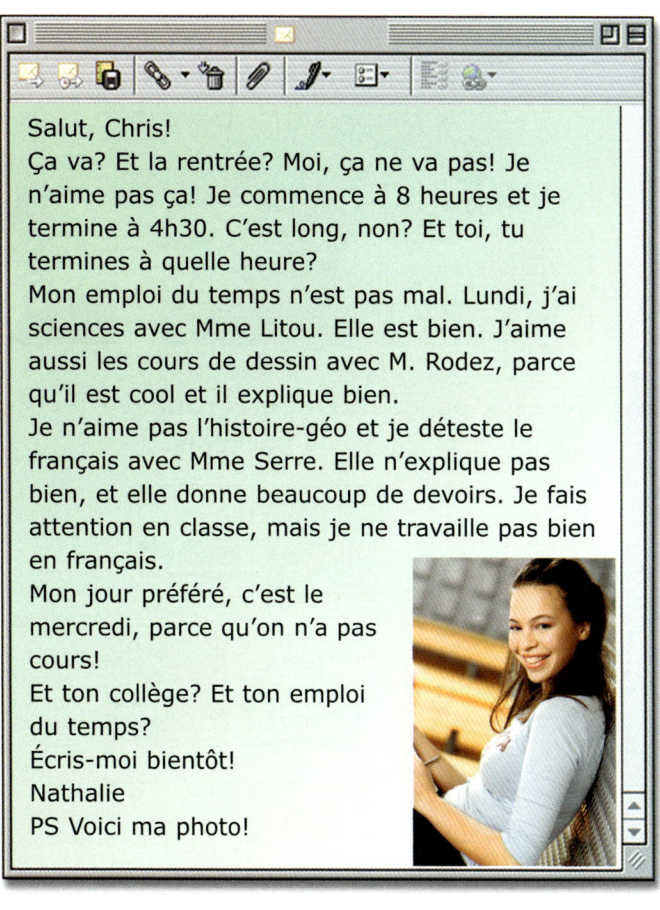

4 À toi. Écris une réponse à Nathalie ou écris un mail à ton/ta partenaire en France. Sers-toi du mail de Nathalie.
Use Nathalie's email to write an answer to her or write your own email about school to a French penfriend.
Exemple: Salut!
Mon jour préféré c'est le lundi, parce que j'ai histoire avec Mme...

Salut, Chris!
Ça va? Et la rentrée? Moi, ça ne va pas! Je n'aime pas ça! Je commence à 8 heures et je termine à 4h30. C'est long, non? Et toi, tu termines à quelle heure?
Mon emploi du temps n'est pas mal. Lundi, j'ai sciences avec Mme Litou. Elle est bien. J'aime aussi les cours de dessin avec M. Rodez, parce qu'il est cool et il explique bien.
Je n'aime pas l'histoire-géo et je déteste le français avec Mme Serre. Elle n'explique pas bien, et elle donne beaucoup de devoirs. Je fais attention en classe, mais je ne travaille pas bien en français.
Mon jour préféré, c'est le mercredi, parce qu'on n'a pas cours!
Et ton collège? Et ton emploi du temps?
Écris-moi bientôt!
Nathalie
PS Voici ma photo!

Révisions

5 Regarde les images, recopie et complète les phrases.
Exemple: **a** Je **vais** au cybercafé.

a  Je v...... au cybercafé.

b  Tu v...... à la bibliothèque avec Irek?

c  Avec mon amie Justine on ...... à la piscine.

d  Hélène et Marc ...... au parc.

6 Complète les phrases avec *au*, *à la* ou *à l'*. Lis les phrases à haute voix, puis écoute et vérifie la prononciation.

a Tu vas ...... centre commercial? Non, je vais ...... hôpital.
b Il va où, ... bibliothèque? Non, il va ...... discothèque.
c Elle va où vendredi soir? Elle va ...... patinoire.
d Samedi matin avec Claire je vais ...... rivière.
e Dimanche, on fait de la natation? Non, on va ...... parc d'attractions.

7 À deux. Répétez la phrase à chaque fois et ajoutez 'et' ou 'mais' + le nom d'une autre activité.
In pairs. Repeat the sentence each time and add another activity with 'and' or 'but'.
Exemple: A: J'aime faire du bowling.
B: Je déteste faire du bowling et j'adore faire de la natation.
A: J'aime faire de la natation, mais je préfère faire du cheval.

8 Jouer 'à' ou 'de'? Recopie et complète les phrases.
Exemple: **a** Je joue **au** hockey et...

a Je joue ......

b Tu joues ......

c On joue ......

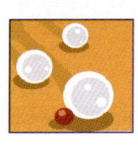

d Élodie aime jouer ......

e Je vais jouer ......

f Fabienne préfère jouer ......

soixante-douze

72

J'ai faim!

5

Départ

OBJECTIFS

In this unit you will learn the following new language:

- **Vocabulary:** food, drink, places to eat, prices, quantities
- **Grammar:** the partitives *du, de la, de l', des* (some); using *prendre* to say what you are having to eat and drink; using *aller* with the infinitive of other verbs to refer to the future
- **Skills:** how to say what you eat and drink and what you like; when and where you have different meals; what you are going to do
- **Pronunciation:** verbs; liaison

You will also find out about:

- meals at home and eating out in France

1 Classe les articles. Utilise un dictionnaire si nécessaire.

À manger (*to eat*)	À boire (*to drink*)

2 Qu'est-ce que tu aimes manger et boire? Recopie et complète les phrases.
  a J'adore ......, ... et ......
  b Je déteste ...... et ......

le chocolat	le poisson	le lait
les bananes	les spaghetti	les oranges
la salade	les olives	le yaourt
la limonade	le coca	les frites
les croissants	les fruits	l'eau minérale
le café	le steak	
les tomates	le hamburger	

soixante-treize

73

Qu'est-ce qu'on mange?

▶ Put the list of food and drink on page 73 into your own order of preference.

OBJECTIFS

You will learn...
- to name food and drink items
- how to use *du, de la, de l'* and *des* (some)
- how to use *avoir* to say you are hungry or thirsty

Oh! J'ai faim! Qu'est-ce qu'on mange?

Moi aussi! Alors, on a du pain et des fruits, mais qu'est-ce qu'il y a dans le frigo?

1 Écoute Manny. Regarde la photo 2 du frigo. Qu'est-ce qu'il y a dans le frigo? Écris les lettres dans le bon ordre.

2 Écoute. Manny et Mélanie font quoi? Choisis la bonne lettre.

a un sandwich au jambon
b une omelette au jambon
c une omelette au fromage
d une salade de fruits

Focus sur... *du, de la, de l', des*

To refer to food and drinks, use *un* or *une* for single items – *une pizza, une baguette* – and use *du, de la, de l'* or *des* to mean 'some' (see the *Mots-clés* list on the right).
- Use *du* for masculine nouns – *du jambon*.
- Use *de la* for feminine nouns – *de la mayonnaise*.
- Use *des* for plural nouns – *des fruits*.

When do you think you would use *de l'*?

You need to include *du, de la, de l'* or *des* in French even when in English you wouldn't use the word 'some':
*Il y a **du** fromage, **des** tomates et **du** pain – on fait **des** sandwichs.*
There's cheese, tomatoes and bread. We're making sandwiches.

Mots-clés

The phrase *il y a* means 'there is' or 'there are'.

Il y a	du	pain/fromage/jambon/beurre
Il y a	de la	salade/mayonnaise
Il y a	des	tomates/œufs/fruits/bananes
Il y a	de l'	huile d'olive

3 Invente un sandwich bizarre. Fais une liste de 5 ingrédients.
   Exemple: Dans mon sandwich bizarre, il y a du chocolat, des œufs, de la mayonnaise...

5 J'AI FAIM!

4 Identifie les boissons.
Exemple: **1 – c**
1. de la limonade
2. du coca
3. de l'eau minérale
4. de l'Orangina
5. du lait

5 a Écoute. Mélanie choisit quoi comme boisson? Écris la lettre de la bonne image.

b Et Manny? Écris la bonne lettre.

6 Réécoute le dialogue.
a. Qui dit: 'Tu voudrais du jus de pommes?'
b. Qui répond: 'Je voudrais de l'eau minérale...'?
c. Ça veut dire quoi: 'Tu voudrais' et 'Je voudrais'?

Mots-clés

With the negative phrase *il n'y a pas*, you use just *de* or *d'* instead of *du, de la, de l'* or *des*:
Il y a de la limonade? Non, il n'y a pas de limonade.
Is there some lemonade? No, there isn't any lemonade.
Il y a des oranges? Non, il n'y a pas d'oranges.
Are there some oranges? No, there aren't any oranges.

To say you are hungry or thirsty, you use part of the verb *avoir* with the word *faim* or *soif*:
Tu as soif?
Are you thirsty?
Oui, j'ai soif.
Yes, I'm thirsty.
Tu as faim?
Are you hungry?
Non, je n'ai pas faim.
No, I'm not hungry.

7 Qu'est-ce qu'il y a comme boissons dans le frigo?
Exemple: **a** Oui, il y a de l'eau minérale.
a. Il y a de l'eau minérale?
b. Il y a du jus d'orange?
c. Il y a du lait?
d. Il y a de l'Orangina?

8 À deux. Faites un dialogue.
Partenaire A a faim et a soif.
Partenaire B a 8 objets dans son frigo (fais une liste).
Exemple: A: J'ai soif. Je voudrais de l'eau minérale. Il y a de l'eau minérale?
B: Non, il n'y a pas d'eau minérale. Tu veux de l'Orangina?
A: OK, oui, s'il te plaît.
B: Et tu as faim?
A: Oui, j'ai faim. Je voudrais...

11 Write a shopping list for a picnic. Make sure you use each of the following: *du, de la, de l'* and *des*.

soixante-quinze
75

Au supermarché

OBJECTIFS

You will learn...
- how to buy food and drink in a supermarket
- prices and quantities
- the numbers 70 to 100

▶ Copy the grid and fill in the missing numbers – they are all in the blue box.

quarante-quatre	
cinquante et un	
soixante-sept	
soixante-dix	
quatre-vingt-trois	
quatre-vingt-quatorze	

67 94

44 83

51 70

Mots-thème

- un pot 
- une boîte
- une bouteille 
- un paquet  
- un gramme 
- un kilo 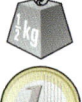
- un demi-kilo 
- un euro 
- un centime

Alors, de la viande pour le barbecue. Thomas, le paquet de quatre steaks, c'est combien?

*J'ai très faim, moi – je voudrais des saucisses **et** des steaks!*

Et du pain... des petits pains ou des baguettes?

Des petits pains!

Des baguettes!

5 euros 90. Mais regarde – il y a un kilo de saucisses à 3 euros 85!

Moi, je préfère les chips.

Trois oignons, 2 euros 85, des champignons, 4 euros 75... et des pommes, 6 euros 65.

Un pot de crème fraîche, deux boîtes de thon, un pot de mayonnaise, de la moutarde...

Du coca, du chocolat, un paquet de biscuits...

soixante-seize

76

5 J'AI FAIM!

1 Écoute et lis. Trouve les expressions françaises.

Exemple: **a** C'est combien?

- a How much is it?
- b a kilo of sausages
- c I'm starving!
- d rolls or baguettes?
- e three onions, 2 euros 85
- f some mushroooms
- g two tins of tuna

The French currency is the euro (€). There are 100 centimes in one euro.
French uses a comma instead of a full stop in figures:
1,50€ = 1 euro 50 centimes.

2 Mots-clés

Can you write down the missing numbers?

70 soixante-dix	82 quatre-vingt-deux
71 soixante et onze	83 quatre-vingt-trois
72 soixante-douze	84 quatre-vingt-quatre
73 soixante-treize	85 quatre-vingt-cinq
74 soixante-quatorze	(...)
75 soixante-quinze	87 quatre-vingt-sept
76 soixante-seize	(...)
(...)	89 quatre-vingt-neuf
78 soixante-dix-huit	(...)
79 soixante-dix-neuf	97 quatre-vingt-dix-sept
80 quatre-vingts	(...)
81 quatre-vingt-un	100 cent

5 Teste un(e) partenaire: c'est combien?

Exemple: A: Qu'est-ce que tu veux?
B: Je voudrais une bouteille de coca.
A: C'est 3 euros 50 centimes.
B: Qu'est-ce que tu veux?
A: Je voudrais un kilo de tomates.
B: C'est 2 euros.

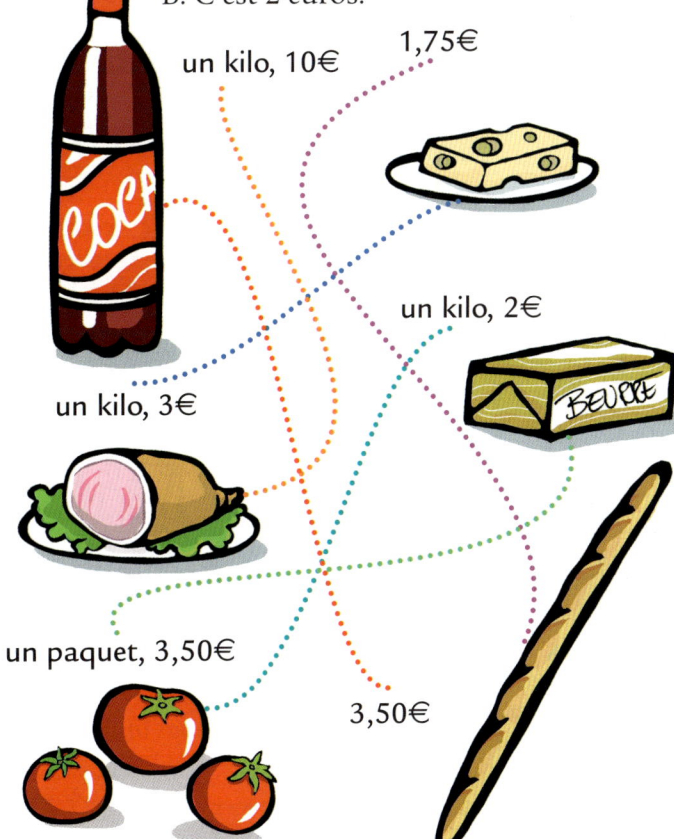

un kilo, 10€   1,75€
un kilo, 2€
un kilo, 3€
un paquet, 3,50€   3,50€

3 Travaillez en groupe. Lisez la BD* à haute voix.

*la BD the cartoon

4 Trouve les chiffres et complète les séries. Écris les chiffres.

Exemple: **a** 41

- a quarante, ..., quarante-deux
- b cinquante-sept, ..., cinquante-neuf
- c soixante-deux, ..., soixante-quatre
- d soixante et onze, ..., soixante-treize
- e quatre-vingt-quatre, ..., quatre-vingt-six
- f quatre-vingt-dix-huit, ..., cent

| 63 | 99 | 58 | 85 | 41 | 72 |

!! Invent a giant's shopping list for his/her barbecue and work out the prices according to those given in exercise 5, or invent some euro prices.

Example: *10 kilos de fromage, 30 euros. Cinq paquets de beurre, 17 euros 50.*

soixante-dix-sept

77

Au snack

OBJECTIFS

You will learn…
- how to order snacks and fast food
- how to use the verb *prendre* to say what you are having to eat and drink

▶ How many examples of the verb *prendre* can you find in the cartoon below?

Moi, j'ai très faim! Je prends deux hamburgers! Tu prends un hamburger, Céline?

Non. Moi, je préfère les saucisses. Je prends un hot-dog et des frites.

Et avec le hot-dog, vous prenez de la moutarde?

Non, sans moutarde, mais avec de la sauce au curry, s'il vous plaît. Et une grande portion de frites!

Et comme boisson?

On prend deux cocas, s'il vous plaît.

Bien, deux hamburgers à 3 euros 60, un hot-dog à 2 euros 70, deux cocas à 75 centimes, et une grande portion de frites à 89 centimes – ça fait 12 euros 29 centimes, s'il vous plaît.

Ouah! C'est cher, ça!

Oui, et je me sens un peu bizarre…

Dix minutes plus tard…

Regarde, Élodie, une surprise – on fait un barbecue! Tu prends un hot-dog?

Non merci, je n'ai pas faim, moi.

1 🎧 Écoute et lis la BD. Au snack, qu'est-ce qu'elles prennent? Choisis la bonne lettre.
- **a** Deux hot-dogs avec de la moutarde, deux cocas et un hamburger.
- **b** Une grande portion de frites, du coca et trois hamburgers.
- **c** Un hot-dog, des frites, deux hamburgers et deux cocas.
- **d** Un hamburger, deux portions de frites et de la sauce au curry.

5 J'AI FAIM!

Focus sur... *prendre*

The verb *prendre* means 'to take', but with food and drinks it mean 'to have'.

Je prends un hot-dog avec de la moutarde et un Orangina. **Tu prends** quoi?
I'm having a hot dog with mustard and an Orangina. What are **you having**?

Je prends un hamburger sans oignons.
I'm having a hamburger without onions.

- After *avec*, you need *du, de la, de l'* or *des*.
- After *sans* you do **not** need *du, de la, de l'* or *des*.

je prends	nous prenons
tu prends	vous prenez
il/elle/on prend	ils/elles prennent

2 Accent français

Watch out for the pronunciation of verb endings.

Check the forms of *prendre* in the 'Focus sur' box.
Listen and write down the form you hear.
Example: **a** *prends*

Mots-clés

s'il vous plaît please (to a person you don't know well)
s'il te plaît please (to a friend or family member)
merci thank you
avec du/de la/de l'/des with some
sans without
ça fait... that comes to...

un sandwich au fromage a cheese sandwich
de la sauce au curry curry sauce
une omelette au jambon a ham omelette

3
a Écoute les trois clients au snack. Qu'est-ce qu'ils commandent?
Exemple: Client 1– Hamburger spécial, petite portion de frites, café.

b C'est combien?
Exemple: Client 1– 7,65€

SNACK JACQUES

Hot-dog, avec de la moutarde ou de la sauce au curry	2,50 €
Hamburger	2,70 €
Hamburger spécial avec du fromage, des oignons, de la salade, de la mayonnaise	3,75 €
Portion de frites petite	1,70 €
grande	2,70 €
Sandwich au jambon	1,90 €
Sandwich au fromage	1,80 €
Café	2,20 €
Coca, Coca Light, limonade, Orangina	1,70 €

4 Jeu de rôle – au snack.

Partenaire A est le client/la cliente.
Partenaire B est le serveur/la serveuse au snack.

a Commande un snack végétarien.
b Commande un snack et une boisson, prix total 5,95€.
c Commande trois snacks et trois boissons pour toi et tes deux amis.

⏸

Qu'est-ce qu'il y a au snack?
Answer the following questions. Be careful when the answer is negative!
Example: *Non, il n'y a pas d'omelettes.*

a Il y a des omelettes?
b Il y a de la sauce au fromage?
c Il y a des sandwichs?

soixante-dix-neuf

79

Qu'est-ce qu'on prend?

OBJECTIFS

You will...
- learn how to talk about your eating habits: where, when and what you eat
- revise using *à* with places and times

▶ Joue au ping-pong avec un(e) partenaire.
  Exemple: A: J'ai faim!
  B: Tu veux une pizza?
  A: J'ai soif!
  B: Tu veux un coca?
  A: J'ai soif et j'ai faim!
  B: Tu veux... et...?

1 Écoute Mélanie et Manny. Écris les articles mentionnés et l'heure du petit déjeuner.
Exemple: Manny prend un bol de chocolat et...

Qu'est-ce que tu prends le matin?

Au petit déjeuner je prends...

2 Travail de groupe: qui prend quoi au petit déjeuner? Posez des questions et notez les réponses.
Exemple: A: Tu prends quoi au petit déjeuner?
B: Je prends des céréales, des toasts et un verre de lait.
A: Et toi?
C: Je prends un yaourt.
A: Et toi?
D: Je ne mange pas grand-chose.

In France, a school dinner is usually a well-balanced, cheap three-course meal served with plenty of bread. French school children do not take packed lunches to school.

3 Et toi? Tu fais quoi pour le déjeuner? Utilise les questions puis fais un dialogue avec ton/ta partenaire.

*Tu déjeunes à quelle heure?
Tu manges à la cantine?
Qu'est-ce que tu prends?*

*Je prends...
Je (ne) mange (pas)...*

À midi, on mange à la cantine. Comme entrée je prends une salade de tomates, puis comme plat principal du poulet avec des frites, et enfin comme dessert un fruit.

Mots-thème
Le matin, je prends...

un bol de chocolat   un café   un verre de lait

avec...

une tartine   un croissant   un yaourt

des toasts   des céréales

Je ne mange pas grand-chose.

quatre-vingts

5 J'AI FAIM!

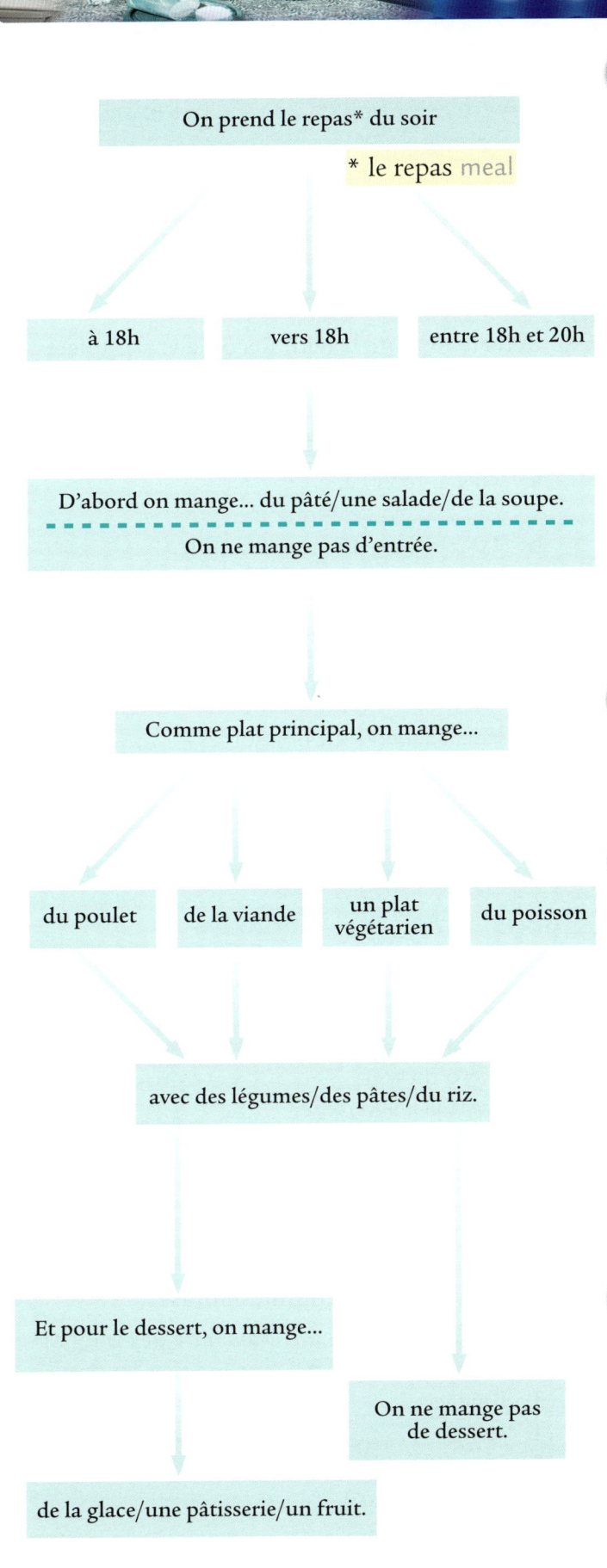

4 Lis le texte. Mélanie parle du repas du soir.

> On prend toujours le repas du soir en famille entre 19 heures et 19 heures 30. D'abord, on mange du pâté ou une salade de concombre ou de tomates. Ensuite, on mange du poulet, du poisson ou de la viande, avec des pâtes ou du riz. Comme dessert, on mange un yaourt, de la glace, une pâtisserie ou un fruit.

Mots-clés
à at, in – à midi, je mange à la cantine
toujours always
d'abord first(ly)
ensuite then, after(wards)

5 Regarde le diagramme à gauche et relis le texte de Mélanie. Change les détails pour toi.
Exemple: On prend le repas du soir à 18h. D'abord...

6 À deux. Posez et répondez aux questions.
A: Tu manges en famille le soir?
B: Oui.
A: Tu manges à quelle heure?
B: À 18 heures 30.
A: Tu manges d'abord de la soupe?
B: Non, je...

11 Le matin, à midi, le soir
Relis les pages 80 et 81 et écris une liste (français-anglais) des plats.
Example: Le matin:
Je mange un toast – a slice of toast, des céréales – (some) cereal, ...
À midi: ...
Le soir: ...

On prend le repas* du soir
le repas meal

à 18h / vers 18h / entre 18h et 20h

D'abord on mange... du pâté/une salade/de la soupe.
On ne mange pas d'entrée.

Comme plat principal, on mange...

du poulet / de la viande / un plat végétarien / du poisson

avec des légumes/des pâtes/du riz.

Et pour le dessert, on mange...
de la glace/une pâtisserie/un fruit.
On ne mange pas de dessert.

quatre-vingt-un

81

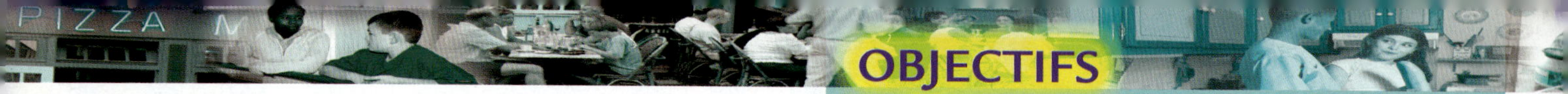

Qu'est-ce qu'on va prendre?

OBJECTIFS

You will learn...
- how to talk and write about a special meal you are going to have
- how to use *aller* with an infinitive to say what you are going to do
- about liaison of words ending in *-s* with words beginning with a vowel

▶ Relie.

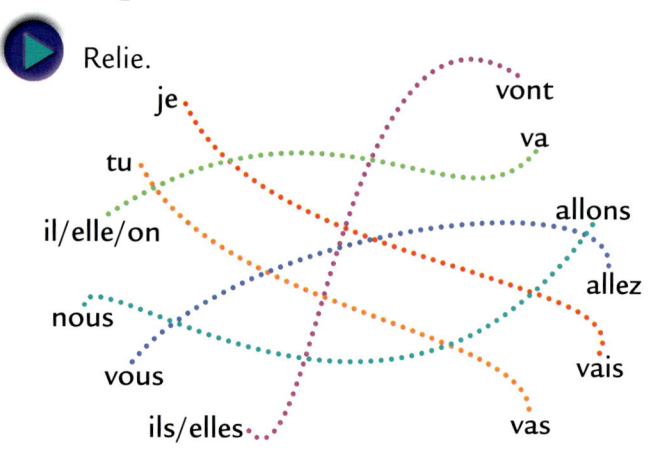

je — vont
tu — va
il/elle/on — allons
nous — allez
vous — vais
ils/elles — vas

1 Lis et écoute la carte virtuelle de David à Paul.

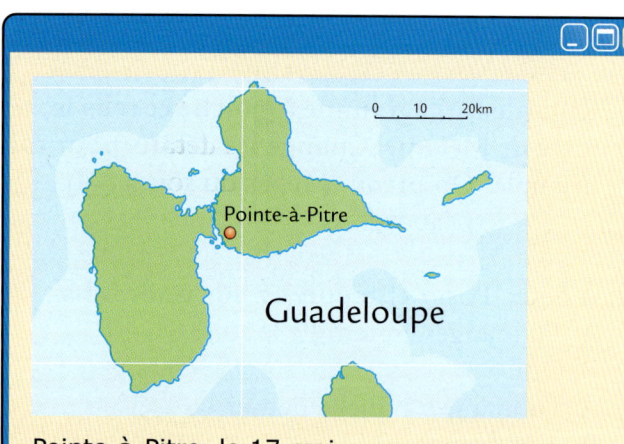

Pointe-à-Pitre, le 17 mai

Bonjour Bobigny... ici Pointe-à-Pitre, en Guadeloupe! Salut, Paul! C'est bientôt ton anniversaire? Comment tu vas fêter* ça? Tu vas faire un repas de famille ou tu vas aller au snack avec Kim? Qu'est-ce que tu vas manger? Moi aussi, je vais faire la fête! On va faire un pique-nique sur la plage avec ma famille. Je vais acheter du poisson et des fruits au marché. Puis on va écouter de la musique et on va danser sur la plage.

Bon anniversaire!
A+
David

* fêter to celebrate

2 Relis le mail de David. Recopie et complète les phrases. Puis traduis en anglais.
Exemple: **a** Tu **vas** fêter ça.
You **are going** to celebrate it.

a Tu ...... fêter ça.
   You ...... to celebrate it.
b Tu ...... faire un ...... de famille.
   You're ...... a family meal.
c Tu ...... au snack.
   ...... to go to the snack bar.
d Qu'est-ce que tu ...... ?
   What are you ...... ?
e Je ...... acheter du poisson.
   I'm going to ...... some fish.
f On ...... danser sur la plage.
   We're ...... on the beach.

Focus sur... *aller* + infinitive

To say you are going to do something, simply use '*je vais*' followed by an infinitive:

Je vais danser.
I'm going to dance.
Tu vas fêter ton anniversaire?
Are you going to celebrate your birthday?
On va faire un pique-nique sur la plage?
Are we going to have a picnic on the beach?

3 Relie et recopie les bonnes phrases.

1 Je vais   a vais faire des photos
2 Tu   b vas manger en famille
3 Il ne va   c écouter mes CD
4 Je   d pas danser
5 On va faire un   e pique-nique

quatre-vingt-deux

82

5 J'AI FAIM!

4 Imagine que tu interviewes David: quelles sont les questions? (Utilise les réponses de David.)
Exemple: **a** Tu vas faire la fête?

a Tu ...... faire la fête?
> Oui, je vais faire la fête.

b Tu vas ...... quoi sur la plage?
> Je vais faire un pique-nique sur la plage.

c Tu .... quoi?
> Je vais acheter du poisson et des fruits au marché.

d Tu .... de la musique?
> Oui, je vais écouter de la musique.

e Tu .... sur la plage?
> Oui, je vais danser sur la plage.

5 À deux. Faites le dialogue.
A: Tu vas faire la fête?
B: Oui, je vais faire la fête...

6 **Accent français** — *le pont liaison*

Look at these sentences, decide whether you should hear the final *-s* of *des* each time, then check by listening to the CD.

a Je vais au cinéma avec des copines.
b Je vais en ville avec des amis.
c Je vais acheter des fruits.
d Je vais acheter des oranges.
e Je vais écouter des CD.

What is the rule about liaison?

7 On va faire quoi pour l'anniversaire de Paul? Choisis les bonnes phrases.

a On va inviter David au restaurant.
b On va inviter Manny et Mélanie.
c Kim va téléphoner à David.
d Daniel va appeler Manny et Mélanie.
e On va aller au cinéma.
f On va aller au club de kickboxing.
g On va manger au restaurant.
h Kim va réserver une table au restaurant.

8 Écoute et lis. Manny et Mélanie vont fêter l'anniversaire de Paul comment? Dessine ou écris la réponse.
Exemple: Salut! Désolés pour l'anniversaire de Paul. On...

* trinquer
to drink a toast

II Décris ton week-end de fête.
a Tu vas faire quoi? Avec qui?
b Tu vas aller où?
c Tu vas manger quoi?

Exemple: Ce week-end, je vais fêter mon anniversaire...

quatre-vingt-trois

83

Revue

On mange bien à la cantine...

Semaine du lundi 17 au vendredi 21 mai

lundi

diverses crudités au choix
sauté de porc
chou-farci
pâtes au beurre
yaourt ou crème caramel
ou glace au choix

mardi

taboulé
salade de riz
poulet rôti
rôti de boeuf
chou-fleur
tarte aux pommes
un fruit au choix

mercredi

diverses crudités au choix
couscous garni
yaourt ou crème caramel ou
glace au choix
un biscuit au choix

jeudi

salade de tomates
quiche Lorraine
filet de poisson pané
carottes à la crème
purée de pommes de terre
yaourt ou crème caramel ou
glace au choix
un biscuit au choix

vendredi

moules marinière
saucisses grillées
côtelettes d'agneau
frites
haricots verts
pêche melba
un fruit au choix

1 Regarde les 3 repas. C'est le menu de quel jour?

2 Quel est ton menu préféré?
Exemple: Je préfère le menu de lundi parce que j'adore les pâtes.

quatre-vingt-quatre

84

Je sais...

I know how to:

- name items of food and drink: *un fruit, une pizza, des frites, un coca*
- understand and use the partitive articles *du, de la, de l', des: du pain, de la mayonnaise, de l'eau minérale, des œufs*
- use the verb *avoir* to talk about being hungry and thirsty: *Tu **as** faim? Non, j'**ai** soif*
- count from 70 to 100
- understand and use prices and quantities: *3,50€, un kilo de saucisses, un pot de yaourt, une bouteille d'Orangina*
- say 'with' and 'without' and understand whether or not to use the partitive article: *avec de la crème mais sans sucre*
- understand and use the verb *prendre* in the present tense with food and drinks: *Vous prenez un hot-dog? On prend des cocas.*
- talk about eating habits and meals: *le matin, je prends des céréales; à midi, on mange à la cantine*
- use *aller* with the infinitive to talk about near future activities: *on va faire un pique-nique*
- use liaison to help my pronunciation: *je vais manger, je vais acheter des oranges*
- formulate compound sentences to make my writing more varied: *j'achète des bananes mais je n'achète pas d'oranges*
- use intonation to ask basic questions: *On va au restaurant?*

À toi

★ Write a menu for a school canteen. Write four sentences.

★★ Write about what food you like to eat in a fast food restaurant. Include comments on food and drinks you like and dislike. Write six sentences.

★★★ You are going to eat out for your birthday. Write an email to your French penfriend talking about the meal you are going to have. Give opinions and reasons. Write eight sentences.

Vocabulaire

Les quantités	Quantities
un pot de crème fraîche	a carton of crème fraîche
une boîte de thon	a tin of tuna
une bouteille d'Orangina	a bottle of Orangina
un paquet de biscuits	a packet of biscuits
cent grammes de jambon	100 grams of ham
un kilo de bananes	a kilo of bananas
un demi-kilo de tomates	half a kilo of tomatoes
Qu'est-ce que tu voudrais?	What would you like?
Je voudrais un kilo de pommes.	I would like a kilo of apples.
C'est combien?	How much is it?
ça fait...	that comes to...
un euro	one euro
un centime	one centime

Tu vas faire quoi?	What are you going to do?
Je vais...	I'm going...
aller au cinéma	to go to the cinema
aller au club des jeunes	to go to the youth club
danser	to dance
faire un pique-nique	to have a picnic
manger au restaurant	to eat at a restaurant
écouter mes CD	to listen to my CDs
téléphoner à mon copain/ma copine	to telephone my friend
Je vais danser.	I am going to dance.
Tu vas fêter ton anniversaire?	Are you going to celebrate your birthday?

Au snack	At the snack bar
une portion de frites	a portion of chips
un hamburger	a hamburger
un hot-dog	a hot dog
une omelette au jambon	a ham omelette
une pizza	a pizza
un sandwich au fromage	a cheese sandwich
un sandwich au jambon	a ham sandwich
s'il vous plaît	please (to someone you don't know well)
s'il te plaît	please (to a friend or family member)
avec du/de la/de l'/des...	with some...
sans	without
Tu prends quoi?	What are you having?
Je prends un hamburger sans oignons.	I'm having a hamburger without onions.
Je prends un hot-dog avec de la moutarde.	I'm having a hot dog with mustard.
Tu as faim?	Are you hungry?
Oui, j'ai faim.	Yes, I'm hungry.
Tu as soif?	Are you thirsty?
Non, je n'ai pas soif.	No, I'm not thirsty.

Le petit déjenuer	Breakfast
un bol de chocolat	a bowl of hot chocolate
un café	a coffee
des céréales	some cereal
un croissant	a croissant
une tartine	a slice of buttered bread
des toasts	some toast
un verre de lait	a glass of milk
un yaourt	a yoghurt
Il y a du pain.	There is bread.
Il n'y a pas de fruits.	There isn't any fruit.

quatre-vingt-six

Chez moi

6

OBJECTIFS

In this unit you will learn the following new language:

- **Vocabulary:** bedroom items; colours; types of housing and rooms; addresses and locations; weather expressions; (past) weekend activities
- **Grammar:** the prepositions *dans, sur, sous, devant, derrière, entre*; prepositional phrases *sur la côte, à la montagne, à … kilomètres de, au bord de la mer*; irregular adjectives *beau, vieux*; *il fait/il y a* with weather expressions; *aller* plus infinitive; some perfect tense verbs
- **Skills:** saying where things are in rooms; talking about your home and home area, the weather and what you will do depending on it; what you did in the recent past
- **Pronunciation:** how adjective endings can affect the sound of a word

Départ

en Nouvelle Calédonie

en Suisse

en Guadeloupe, aux Antilles

1. Find *la Nouvelle Calédonie*, *la Guadeloupe* and *la Suisse* on the map on page 6, then look at the photos. What differences do you notice about the types of housing? What sort of weather do you think is common in each place?

2. Listen to the recording and spot the adjectives. Which francophone country is being described? *La Guadeloupe? La Nouvelle Calédonie? La Suisse?*

quatre-vingt-sept

87

Dans ma chambre

▶ Play *'Je vais faire plus que toi'* with a partner.
Exemple: A: *Samedi, je vais jouer au tennis.*
B: *Samedi, je vais jouer au tennis **et** je vais aller au cinéma.*
A: *Samedi, je vais jouer au tennis, je vais aller au cinéma **et** je vais faire du kickboxing.*

OBJECTIFS

You will learn...
- how to say where things are in your bedroom
- how to describe items in your bedroom
- how the spelling of adjectives affects pronunciation

Je déteste ma chambre! Je vais jeter le poster, la radio et les magazines, et je vais changer la couleur de la table, de l'armoire et de l'étagère... oui, je vais avoir tout en vert et violet!

Zut! Où est mon portable?...

...dans mon sac?

...entre la télé et l'ordinateur?

...sur l'étagère?

...sous le lit?

...derrière l'ordinateur?

...ah!...devant la télé mais sous les magazines!

Salut, Élona! Oui, je vais tout changer dans ma chambre. Je n'aime pas le bleu et le jaune... je vais...

Oui, j'ai une belle chambre maintenant, mais demain je vais acheter un portable vert...

Mots-thème

Dans la/ma chambre, il y a...

un/le lit	une/l'armoire
un/le poster	une/la chaîne hi-fi
un/l'ordinateur	une/la chaise
un/le portable	une/l'étagère
des/les livres	une/la lampe
des/les magazines	une/la radio
des/les CD	une/la table
des/les DVD	une/la télé
	des/les baskets

1 🎧 Écoute et lis. Vrai ou faux?

a Élodie adore sa chambre en bleu et jaune.
b Elle va jeter ses magazines, son poster et sa radio.
c Elle va changer la couleur de la chaîne hi-fi.
d Elle va peindre* sa chambre en violet et rouge.

* peindre to paint

quatre-vingt-huit
88

6 CHEZ MOI

2 Regarde la chambre d'Élodie (image 4). C'est où maintenant?
Exemple: **a** = derrière la porte
- a le saxophone
- b le sac d'Élodie
- c l'ordinateur
- d les baskets

3 À deux. Faites un dialogue.
A: Et dans ta chambre? Où est la télé?
B: Elle est sur la table.
A: Où sont les livres?
B: Ils sont dans l'armoire…

Focus sur… les adjectifs de couleur

Most adjectives agree with the nouns they describe. So, ask yourself, is the noun masculine or feminine? Singular or plural? Most adjectives follow the noun.

masculine		feminine	
singular	plural	singular	plural
blanc	blancs	blanche	blanches
bleu	bleus	bleue	bleues
gris	gris	grise	grises
jaune	jaunes	jaune	jaunes
marron	marron	marron	marron
noir	noirs	noire	noires
rose	roses	rose	roses
rouge	rouges	rouge	rouges
vert	verts	verte	vertes
violet	violets	violette	violettes

Dans sa chambre, Élodie a une armoire **violette**, un lit **violet** et **vert** et des baskets **rouges** et **blanches**. Why is there an '-s' at the end of the last two adjectives?

4 Recopie et complète les descriptions. Trouve le bon adjectif.
Exemple: **a** J'ai une étagère noire et une radio blanche.

- a J'ai une étagère ● et une radio ○.
- b J'ai un ordinateur ○ et une chaise ●.
- c Tu as une table ● et une télé ● ?
- d Élodie a un sac ● et un ordinateur ●.
- e Elle a aussi un portable ● et des posters ●.

« Accent français »

Do you remember how the sound of an adjective can change according to the spelling? Try saying these sentences then listen and check.

- J'ai un lit **gris**, Louis, et une armoire **grise**, Louise.
- J'ai aussi des DVD **violets**, André, et des baskets **violettes**, Annette.
- Mon poster est **vert**, Robert, et l'étagère est **verte**, Berthe.

5 Et toi? Décris ta chambre.
- Dans ma chambre, il y a une armoire bleue.
- Sur l'armoire, il y a…
- Sous mon lit, il y a…
- Devant la télé, il y a…

11 La bonne couleur. Travail de groupe.
A: Une télé v…
B: Une télé vert?
A: Non.
C: Une télé verte?
A: Oui. À toi.
C: Un lit r…
D: Un lit rouge?
C: Non…

quatre-vingt-neuf 89

Mon appartement, ta maison

OBJECTIFS

You will learn...
- how to talk about houses and flats
- how to say where your home is and what your address is
- more about irregular adjectives

▶ With a partner, work out what the three sentences are in the wordsnake. Read them aloud.

▶ Make up a wordsnake of your own for your partner.

ouhabitestujhabiteabrightonettoimoijhabiteacardiff

1 Écoute. Relie les personnes A, B, C avec les bonnes photos.

Personne A: J'habite dans une grande maison à la campagne, à 5 kilomètres de Montauban.
Personne B: J'habite dans un petit appartement à Bobigny, près de Paris.
Personne C: J'habite dans un grand appartement au centre-ville à Montauban.

2 Écoute. C'est qui? Choisis la bonne photo.

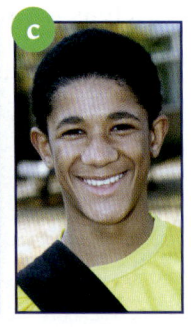

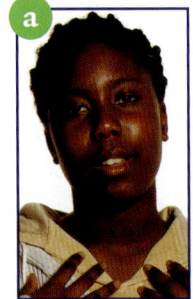

1 C'est un bel appartement.
2 C'est un vieil appartement.
3 C'est une vieille ferme. C'est une belle maison avec un grand jardin.

Focus sur... irregular adjectives

You already know the irregular adjectives *beau* and *vieux*, and that, unlike other adjectives, they come before the noun:
*Simon est un **beau** garçon et Élodie est une **belle** fille.*
*J'ai un **vieux** chien et une **vieille** souris.*

They are even more irregular than you thought!

*C'est un **bel** appartement.*
*Kim a un **vieil** appartement.*

Why do you think the masculine singular forms of the adjectives *beau* and *vieux* change to *bel* and *vieil* in these sentences?

3 Choisis le bon adjectif et recopie la phrase.
a J'habite dans une beau/bel/belle ville dans le sud de la France.
b Tu habites dans un beau/bel/belle appartement?
c Paul habite dans un vieux/vieil/vieille appartement à Bobigny.

quatre-vingt-dix
90

6 CHEZ MOI

Mots-thème

On a...
- un appartement
- une maison
- une ferme

J'habite...
- au centre-ville
- dans la banlieue
- à la campagne
- à ... kilomètres de ...

Les pièces

Il y a...
- une (deux) chambre(s)...
- la chambre de mon frère/ de ma sœur/de mes parents/d'amis
- la salle à manger
- la salle de bains
- la cuisine
- la cave
- le séjour

4 Regarde les adresses ci-dessous. Écoute et recopie la bonne adresse et le bon numéro.
Exemple: **1** 18, place Clichy

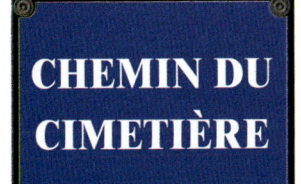

- CHEMIN DU CIMETIÈRE
- RUE VAUGELAS
- ALLÉE DE LA RÉPUBLIQUE
- PLACE CLICHY
- AVENUE MAXIMILLIAN
- BOULEVARD DE LA PATOCHE

Numéros: 45, 18, 93, 77, 33, 65, 54

Can you see how addresses written in French are different to those written in English?

M. et Mme Dupont
76 rue Dantagnan
33240 St. André de Cubzac

5 Et toi? Écris des phrases sur ta maison/ton appartement. Sers-toi des questions.
- Tu habites où?
- C'est au centre-ville?
- Tu as un vieil appartement?
- Quelle est ton adresse?

6 À deux. Inventez les détails.
A: Tu habites où?
B: J'habite à...
A: Tu as un appartement ou une maison?
B: On a une grande maison dans la banlieue.
A: Quelle est ton adresse?

7 À deux. Écrivez une description d'une maison extraordinaire: la maison de Dracula, la maison d'une star, la maison d'un footballeur célèbre?
Exemple: Dracula habite dans une vieille maison grotesque à la campagne...

quatre-vingt-onze 91

Il fait beau chez toi?

OBJECTIFS

You will learn...
- how to say what the weather is like
- how to say what you will do depending on the weather
- the compass points for locations

▶ Look at these symbols – which verb links them all? How many sentences can you and your partner come up with in 2 minutes?

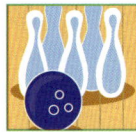

Mots-thème

Il fait...

beau

chaud

froid

gris

Il y a...

du brouillard

de l'orage

du soleil

du vent

Il neige

Il pleut

1 Écoute et regarde la carte. C'est quelle ville?
Exemple: 1 Bordeaux

2 À deux. Choisissez une ville à tour de rôle et dites quel temps il fait.
A: Quel temps fait-il chez toi?
B: Il fait gris.
A: Tu habites à Paris.

3 Quel temps fait-il dans chaque région? Écris 8 phrases.
Exemple: Dans le nord-ouest, il fait froid.

6 CHEZ MOI

4 Focus sur... using *si* with weather expressions

You already know how to use *aller* with an infinitive to say what you are going to do tomorrow:
*Demain, je **vais faire** du kickboxing.*

Now you can link these statements with the weather using the word for 'if' (*si* or *s'*):
S'il fait beau demain, je vais faire une randonnée.

Why does *si* become *s'* before *il*?
Try saying the sentence without dropping the 'i' of *si*. Which is easier to pronounce?

Note also that *il* means 'it' in weather expressions; it is an impersonal pronoun and does not mean 'he'. Do you remember using 'it' to say the time (on page 51)?
***Il** est dix heures.* **It's** 10 o'clock.

Traduis en français.
a If it's hot, I'm going to play tennis.
b If it's cloudy, I'm going to do my homework.
c Are you going to go skiing if it snows on Friday?

5 À deux. Max le Martien va faire quoi?
What's Max the Martian going to do?
Exemple: A: Il neige. Max le Martien va faire quoi?
 B: Il va jouer au tennis.

6 À deux. Changez les détails.
A: Il fait beau. Max le Martien va faire quoi?
B: Il va faire du judo.

7 Écoute les prévisions. Note le temps qu'il fait.
Listen and write down the weather forecasts.
Exemple: **1** Il y a du soleil.

8 Réécoute. On va faire quoi? Note les réponses.
Exemple: **1** Je vais aller en ville.

9 À deux. Tu vas faire quoi?
A: Tu vas faire quoi dimanche s'il fait froid?
B: Je vais regarder la télé. Et toi?
A: Je vais faire mes devoirs.

11
You're at an outdoor activity centre. Write an email saying what you will do depending on the weather.
Example: *Salut!*
Me voilà au centre d'activités 'Plein Air'. C'est super! J'adore ça. Demain, s'il fait chaud, je vais faire... et je vais...

quatre-vingt-treize

Ma région

▶ Find Guadeloupe and Québec on the map on page 6. What sort of climate do you think they have?

OBJECTIFS

You will learn...
- how to say where you live
- how to describe towns and locations
- how to say what there is in your town/village
- about different housing and the climate in Guadeloupe and Québec

J'adore la Guadeloupe!

J'habite à Pointe-à-Pitre avec mes parents et ma sœur dans une grande maison moderne. Pointe-à-Pitre est une grande ville traditionnelle et moderne située dans le sud-ouest de l'île de Grande-Terre. À Pointe-à-Pitre, il y a le port, des magasins, des marchés, des cinémas, des restaurants et des parcs. Entre janvier et mai, c'est la saison des pluies: il pleut beaucoup, mais il fait chaud aussi. Entre juillet et novembre, c'est la saison sèche: il pleut très peu et normalement il fait beau et très chaud. Alors le week-end, s'il ne pleut pas, j'aime aller à la campagne ou au bord de la mer à Sainte-Anne, à quelques kilomètres de Pointe-à-Pitre. J'adore la plage, et j'adore la Guadeloupe!

David

1 Écoute et lis. Vrai ou faux?

a Pointe-à-Pitre est en France.
b Pointe-à-Pitre est dans le sud-ouest de l'île de Grande-Terre.
c Normalement, il fait froid en Guadeloupe.
d En février, il ne pleut pas beaucoup.
e En octobre, il pleut toujours.
f Pointe-à-Pitre est une petite ville traditionnelle.
g Sainte-Anne est au bord de la mer.

Focus sur... prepositions

You already know how to say where people or objects are by using prepositions:
*David est **devant** sa maison **à** Pointe-à-Pitre **en** Guadeloupe.*
Now learn these phrases:
au bord de la mer by the seaside
à la campagne in the countryside
à la montagne in the mountains
sur la côte **on** the coast.
au centre-ville in the town centre

Some prepositions have more than one meaning when they are translated into English:
*J'aime aller **à** la plage **à** Sainte-Anne.*
I like **to** go to the beach **at** Sainte-Anne.

Be careful when you choose a preposition that means 'in':
- use **dans** for 'in(side)' something, e.g. a house or flat, a room, a region
  dans un appartement, **dans** le sud-ouest
- use **en** for most countries and set expressions, such as 'in town':
  en France et **en** Guadeloupe, **en** ville

You've also used *en* to say 'in French' or 'in English': **en** français, **en** anglais

CHEZ MOI

2 Recopie et remplis les blancs avec la bonne préposition.

Exemple: **a** Manny habite **à** Montauban **au** centre-ville.

a Manny habite ...... Montauban ...... centre-ville.
b Sainte-Anne est ...... la côte ...... Guadeloupe.
c Il pleut très peu en Guadeloupe ...... juillet et novembre.
d David aime aussi aller ...... la campagne.
e Pointe-à-Pitre est située ...... le sud-ouest de Grande-Terre.

3 Écoute et lis. Choisis les bons mots et complète les phrases.

Exemple: **a** dans

a Chloé habite ...... un appartement à Montréal.
b Montréal est une ...... ville ......
c Montréal est située dans le ...... du Québec.
d Il y a des maisons traditionnelles dans le ...... quartier et des appartements modernes ...... centre-ville.
e Normalement, il fait ...... à Montréal.

au	sud
touristique	chaud
vieil	sud-est
vieux	à
froid	dans
grand	grande

À Montréal, c'est cool!

J'habite à Montréal avec mes parents et mon frère dans un appartement moderne au centre-ville. Montréal est une grande ville touristique située dans le sud-est du Québec. À Montréal, il y a des magasins, des cinémas, des restaurants et des maisons traditionnelles dans le vieux quartier de la ville. Il y a aussi beaucoup de stades et de parcs. J'adore la ville mais le week-end, j'aime aller à la montagne. J'aime aussi jouer au hockey sur glace. C'est cool! Il fait froid à Montréal et il neige beaucoup, mais j'adore habiter ici.

Chloé

4 Tu habites où? Écris une description. Réponds aux questions.

Tu habites où?

C'est une grande ville/un petit village?

Qu'est-ce qu'il y a à ......?

Tu aimes habiter à ......?

Tu aimes faire quoi le week-end?

quatre-vingt-quinze 95

On a fait quoi ce week-end?

OBJECTIFS

You will learn...
- how to talk about what you did last weekend
- more about the perfect tense

▶ How do you say 'I went to...'? Test your partner. Who can come up with the most sentences?

▶ How would you say 'I played...'?

1 Écoute et lis. Mets les photos dans le bon ordre.

Mots-clés
vendredi matin/après-midi/soir
on Friday morning/afternoon/evening
samedi dernier last Saturday
ce week-end this weekend
dimanche matin on Sunday morning
puis then
ensuite afterwards

Samedi dernier pour l'anniversaire de Paul:
– on est allés au centre-ville avec les copains
– on a visité La Cité des Sciences
– on est allés à la plage à Paris (c'est vrai!)
– on est allés au cinéma IMAX (film extrême: cool!)

2 **Focus sur...** the perfect tense (1)

You have already learned how to say 'I went...':
Je suis allé(e) au club des jeunes.

Look again at '*je suis allé(e)*'. When do you think you should add the '*-e*'?
Here's a clue: *Élodie est sportive. Elle est allée au centre sportif samedi dernier.*

You can say 'we went...', using *on*:
On est allés au cinéma.

You add an '*-s*' to '*allé*' if the speakers are masculine or a mixture of masculine and feminine. You add '*-es*' if the speakers are all feminine, for example, if Kim and Mélanie went somewhere together, they would say:
On est allées en ville.

Choisis le bon participe passé.
Exemple: **a** allée

a Kim est allé/allée au restaurant avec Paul et Daniel.
b Thomas est allé/allée à la montagne.
c On (Kim et Paul) est allés/allées au cinéma.

quatre-vingt-seize

96

6 CHEZ MOI

3 Décris ton week-end.
Exemple: Vendredi soir, je suis allé au cinéma.
Samedi matin, je suis allé…

4 **Focus sur… the perfect tense (2)**

You know how to spot the key verb *aller* in the perfect tense, and later you will come across a few more important verbs that work in the same way.

Most verbs, however, follow this pattern:
(i) *avoir* (to have) – **j'ai**, **tu as**, etc. followed by
(ii) a part of the verb called the past participle. Many past participles end in *-é*.

J'ai joué au tennis.
Tu as visité Montréal.
Il a écouté la radio.
Elle a regardé la télé.
On a surfé sur Internet.

You have used the first part of the verb, (from *avoir*) in other contexts:
J'ai deux frères.
I have two brothers.
Tu as un animal?
Have you got a pet?

The second part, or past participle, is easy to form: for example, *joué* comes from the infinitive *jouer*.

One important exception is the past participle of *faire*, which is *fait*.
J'ai fait mes devoirs.
I have **done** (*or* I **did**) my homework.

Recopie et complète les phrases.
Exemple: **a** J'ai **regardé** la **télé**.

a J'ai …… la …… 
b J'…… …… au …… 
c Tu as …… du …… 
d Il …… fait du …… 
e Elle …… …… du …… 
f On a …… au ……

5 Écoute et mets les phrases dans le bon ordre.
Exemple: **1 – f**

a Dimanche après-midi, j'ai joué au basket.
b Dimanche matin, j'ai fait du judo.
c Samedi soir, j'ai mangé au restaurant.
d Samedi après-midi, j'ai fait du cyclisme.
e Dimanche soir, j'ai regardé la télé.
f Vendredi soir, j'ai écouté mes CD.
g Samedi matin, j'ai fait de la natation.

!! *Quel week-end!*
Using *je suis allé(e)*, *on est allés/allées*, *j'ai joué*, *on a fait*, etc. describe a full weekend of activities. Remember to say when you did each activity (*vendredi soir, je suis allé(e)…, samedi matin, j'ai…*, etc.).

Revue

1 Je sais! Comment dit-on en français?
  a in the middle of the St Lawrence River
  b on the ninth floor
  c a big modern block of flats
  d with no garden
  e the underground town

J'habite à Montréal dans la province du Québec. Montréal est une grande ville moderne et ancienne sur une île au milieu du fleuve Saint Laurent.
On habite dans un appartement au neuvième étage d'un grand immeuble moderne… sans jardin! On a une vue superbe de la ville mais on ne voit pas la ville souterraine où il y a le métro de Montréal, des magasins, des cinémas et des restaurants. C'est cool comme ville!

J'habite à Toudjane, un petit village dans le sud-ouest de la Tunisie. On habite à la montagne mais on voit aussi la mer de mon village. J'aime bien habiter ici, c'est très calme. Je n'aime pas les grandes villes.
J'habite dans une petite maison avec mes parents, mes frères et mes sœurs. Mon oncle, ma tante et mes cousins habitent aussi à Toudjane. C'est bien!

2 Choisis la bonne réponse.
  1 La Tunisie est en…
    a France
    b Guadeloupe
    c Afrique
  2 Toudjane est…
    a une petite ville
    b un petit village
    c un grand village
  3 Toute la famille habite…
    a au bord de la mer
    b sur la côte
    c à la montagne

3 Concours! Dessine ta scène préférée: Montréal, le village de Toudjane ou l'Île de Nosy-Bé.

J'habite à l'Île de Nosy-Bé, dans le nord de Madagascar.
On habite dans une case (on appelle une maison 'une case' au Madagascar). C'est une petite case d'une pièce. Ce n'est pas une maison de briques. C'est une maison de feuilles de bananier* et de palmes de cocotier**.
J'adore habiter ici, au bord de la mer. La plage est mon grand jardin. Et la mer? C'est ma salle de bains!

*des feuilles de bananier banana tree leaves
**des palmes de cocotier coconut palms

quatre-vingt-dix-huit
98

6 CHEZ MOI

Je sais...

I know how to...
- name items in a bedroom: *il y a un lit, une armoire, des magazines*
- understand and use adjectives of colour: *un lit violet et une télé violette*
- say where things are, using prepositions: *dans ma chambre; sous le lit; sur la table*
- pronounce adjectives when they agree with feminine nouns: *un lit gris et une armoire grise*
- talk about different types of houses and flats: *une maison, une ferme, un appartement*
- say where people live: *on habite au centre-ville*
- understand and give addresses
- use the irregular adjectives *beau* and *vieux* when they come before nouns beginning with a vowel: *j'ai un **bel** appartement; il a un **vieil** appartement*
- name the rooms of a house: *la cuisine, la chambre*
- say what the weather is like: *il fait beau; il y a du vent*
- name the points of the compass: *(dans) le sud-ouest*
- talk about near future activities, depending on the weather: *s'il neige, on va faire du ski*
- use adjectives and prepositional phrases to talk about home: *une grande maison moderne sur la côte*
- say what I did and ask others what they did: *je suis allé en ville; tu as surfé sur Internet?*
- say what other people did: *elle est allée au centre sportif*

À toi

★ Talk about what you are going to do this weekend depending on the weather. Write three sentences and include connectives, expressions of time, etc. in your writing.

★★ Choose someone to come to stay for the weekend (a friend/elderly aunt/young cousin). Talk about what he/she is going to do at the weekend, depending on the weather. Write five sentences and include connectives and expressions of time.

★★★ Either: You are going on an action weekend with a friend. Talk about what activities you and your friend are going to do, depending on the weather. Write seven sentences. Or: You have come back from your action weekend. Talk about what activities you and your friend did. Write seven sentences.

quatre-vingt-dix-neuf

99

Vocabulaire

Ma chambre	**My bedroom**
Dans ma chambre il y a...	In my bedroom there is/are...
une armoire	a wardrobe
des baskets	some trainers
des CD	some CDs
une chaîne hi-fi	a hi-fi
une chaise	a chair
des DVD	some DVDs
une étagère	a shelf
une lampe	a lamp
un lit	a bed
des livres	some books
des magazines	some magazines
un poster	a poster
un ordinateur	a computer
un portable	a mobile phone
une radio	a radio
une table	a table
une télé	a television

Il y a un ordinateur blanc et une table blanche. / There is a white computer and a white table.

Où habites-tu?	**Where do you live?**
un appartement	a flat
une maison	a house
une ferme	a farm
J'habite dans une ferme.	I live on a farm.

J'habite...	I live...
au bord de la mer	by the sea
à la campagne	in the countryside
à dix kilomètres de Leeds	10 kilometres from Leeds
à la montagne	in the mountains
dans la banlieue	in the suburbs
au centre-ville	in the town centre
sur la côte	on the coast

Les pièces	**Rooms**
la cave	cellar
ma chambre	my bedroom
la chambre de mon frère/de ma sœur/de mes parents/d'amis	my brother's/sister's/parents' bedroom/the spare room
la cuisine	kitchen
la salle à manger	dining room
la salle de bains	bathroom
le séjour	living room

Quel temps fait-il?	**What is the weather like?**
Il fait...	It's...
beau	fine
chaud	hot
froid	cold
gris	grey/cloudy
Il y a ...	It's...
du brouillard	foggy
de l'orage	stormy
du soleil	sunny
du vent	windy
Il neige	It's snowing
Il pleut	It's raining

le nord	the north
le nord-est	the north-east
l'est	the east
le sud-est	the south-east
le sud	the south
le sud-ouest	the south-west
l'ouest	the west
le nord-ouest	the north-west

si	if
S'il fait beau demain je vais faire une promenade.	If it is fine tomorrow I will go for a walk.

demain après-midi	tomorrow afternoon
ce week-end	this weekend
dimanche matin	Sunday morning
puis	then
ensuite	next

J'ai joué au tennis.	I played tennis.
Tu as visité Londres.	You visited London.
Il a écouté la radio.	He listened to the radio.
Elle a regardé la télé.	She watched television.
On a surfé sur Internet.	We surfed the Internet.

Révisions

Regarde les sections 'Je sais', pages 85 et 99.

1 Paul a acheté quoi pour le pique-nique? Regarde le dessin et recopie et complète sa liste. Ensuite, écoute et vérifie.

1 du fromage
2 ...

2 Invente une omelette bizarre. Fais une liste de 8 ingrédients. Ensuite, jouez à deux et devinez les ingrédients de l'omelette de votre partenaire. Posez 8 questions et notez les points.

Exemple: A: Dans ton omelette bizarre, tu as de l'eau minérale?
B: Oui. Un point pour toi.
A: Tu as aussi de la mayonnaise?
B: Non. Dans ton omelette bizarre, tu as...?

3 À deux. Faites un dialogue au snack.

A: Qu'est-ce que tu prends?

B: Je prends   et   . Et toi?

A: Moi, je prends   .

B: Et comme boisson?

A:

B: Moi aussi, je prends   . Ça fait combien?

A: ça fait 4,80€ et   , ça fait 6,15€.

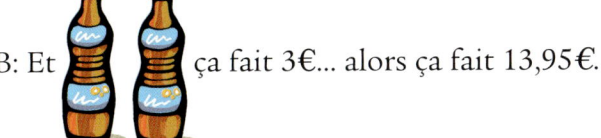

B: Et   ça fait 3€... alors ça fait 13,95€.

cent un
101

Révisions

4 **Choisis la bonne expression.**
Choose the right words to go with the high-frequency verb *avoir* in the speech bubbles.

a J'ai soif / un frère / faim / douze ans. — Il s'appelle David?

b Tu as les yeux bleus / soif / un animal / faim ? — Oui, je prends de l'eau minérale.

c Il a les cheveux longs / deux chiens / quel âge / maths lundi ? — Non, il n'a pas d'animal.

d On a seize ans / cours mercredi / soif / faim. — On mange quoi?

5 **C'est où?**
Exemple: L'armoire est sur le lit.
a L'armoire…
b La chaise…
c Le sac…
d La télé…
e L'ordinateur…
f Le portable…

6 **Lis le texte puis choisis les 4 phrases vraies.**
a En France on ne prend pas de café au petit déjeuner.
b On mange aussi des céréales.
c Le repas de midi est important pour les Français.
d Les snacks sont populaires en France.
e En France, on prend normalement le repas du soir après sept heures.
f On n'aime pas manger au restaurant.

Normalement en France on ne mange pas grand-chose le matin. Pour le petit déjeuner on prend des toasts, des tartines ou des céréales avec un bol de chocolat ou de café au lait. À midi, on prend souvent un bon repas, par exemple une entrée comme du pâté ou de la soupe, ensuite un plat principal comme le poulet-frites puis on prend comme dessert un fruit, une glace ou une pâtisserie. On mange souvent au snack aussi, c'est rapide et ce n'est pas cher, mais beaucoup d'élèves mangent à la cantine au collège, où on mange très bien. Le soir, on mange en famille entre 19 heures et 19 heures 30 ou on mange au restaurant.

cent deux

Révisions

7 Écoute et regarde les dessins. Quel temps fait-il?
Qu'est-ce que tu vas faire?
Exemple: **1** À Nice, il y a du vent. Je vais faire du surf.

Pointe-à-Pitre    Montréal    Nice    Montauban    Calais    Bordeaux

8 À toi. Choisis les détails, puis décris ton domicile.
Choose one of these places as your home and describe it.
Exemple:

J'habite à la campagne dans une grande maison moderne. C'est dans le sud. On a trois chambres et on a un petit jardin aussi.

9 a Avant et après. Recopie la grille et écris des phrases au passé et au futur.
Before and after. Copy the grid and write the sentences in the past and in the future.

b À deux. Faites des dialogues.
Ask each other questions.
Exemple: A: Qu'est-ce que tu as fait samedi dernier?
B: Je suis allé(e) au stade.
A: Qu'est-ce que tu vas faire mardi?
B: (S'il fait beau) je vais...

Avant	Après
Samedi dernier, je **suis allé** au stade.	(S'il fait beau,) samedi, je **vais aller** à la plage.
Dimanche dernier, **j'ai fait** de la musculation.	S'il pleut dimanche, je **vais faire** du kickboxing.
Lundi dernier...	
Mardi dernier...	
Mercredi dernier...	
Jeudi dernier...	
Vendredi dernier...	

cent trois

103

Encore 1

Des lettres

1 Lis les adresses. Écoute et relie chaque conversation à une enveloppe.
Read the addresses. Listen and match each conversation to an envelope.

a
Alban POIRSON
31, rue du Collège
59000 – Lille
PAR AVION

b
Monsieur Jacques Arago
9, avenue Laffitte
78460 – Choisel

c
Isabelle MARTIN
12, rue Sainte-Marie
26100 Romans

d
Mme P. Leblanc
26, place de la Mairie
85160 – Saint-Jean

2 a Partenaire A dit la ville, partenaire B donne le nom de l'habitant(e).
Partner A says the name of a town on one of the envelopes, partner B says which person it is.
Exemple: A: J'habite à Saint-Jean.
B: Tu t'appelles Madame Leblanc.
A: Oui!

b Partenaire A épelle un mot, partenaire B trouve le mot.
Partner A chooses a word from the envelopes and spells it. Partner B has to guess it before A reaches the last letter.
Exemple: A: J – A – C – Q – U...
B: C'est Jacques!

3 Trouve la réponse à chaque question. Écris l'interview.
Find the answer that goes with each question. Write out the interview.

Tu t'appelles comment?
Ton anniversaire, c'est quand?
C'est le premier juillet.
Tu as quel âge?
Je m'appelle Jasmine.
J'ai dix-huit ans.

4 Écoute pour vérifier.
Listen to check.

5 Lisez l'interview avec un(e) partenaire.
Read out the interview with a partner.

cent quatre
104

En plus 1

ENCORE / EN PLUS

1 Relie les stars et les animaux. Devine!
Guess which stars these pets belong to! Match the numbers and the letters.

1. Angelina Jolie 4/6/1975
2. Brad Pitt 18/12/1963
3. George Clooney 6/5/1961
4. Cameron Diaz 30/8/1972
5. Leonardo Di Caprio 11/11/1974
6. Renée Zellweger 25/4/1969

a. (rat)
b. (lézard)
c. (caméléon)
d. (cochon)
e. (chien)
f. (chat)

2 Pour vérifier, lis les indices dans les bulles. Qui dit ça?
To check if you guessed correctly, read the birthday clues in each bubble to find out who is speaking.

a. *Mon anniversaire, c'est le trente août. J'ai un chat.*

b. *Mon anniversaire, c'est le dix-huit décembre. J'ai beaucoup de caméléons.*

c. *Mon anniversaire, c'est le six mai. J'ai un cochon et deux chiens.*

d. *Mon anniversaire, c'est le onze novembre. J'ai un lézard.*

e. *Mon anniversaire, c'est le quatre juin. J'ai un rat.*

f. *Mon anniversaire, c'est le vingt-cinq avril. J'ai un chien.*

3 Écris l'interview dans l'ordre.
Match the questions and answers and write out the interview in the correct order.

Reporter:	**Star:**
Tu t'appelles comment?	C'est un secret!
Tu habites où?	C'est le 4 juin.
C'est quand ton anniversaire?	Angelina Jolie.
Tu as quel âge?	À Hollywood.
Tu as un animal?	Oui, j'ai un rat.

4 À deux. Adaptez l'interview pour d'autres stars!
With a partner, act out interviews with the other Hollywood stars.

Exemple: A: Bonjour! Tu t'appelles comment?
B: Je m'appelle George Clooney.
A: Tu habites où?
B: J'habite à…

cent cinq

105

Encore 2

Casse-têtes

1 Trouve l'intrus dans chaque cercle.
Find the odd word out in each circle.

- a) trente, quarante, marrante, soixante
- b) mère, sœur, cousin, yeux
- c) bleu, sportif, vert, marron
- d) timide, cheveux, sympa, intelligent
- e) frère, grand, petit, gros

2 Utilise les mots pour compléter les phrases.
Write out the sentences below and use the odd words out from exercise 1 to complete them.

- a J'ai un …… et deux sœurs.
- b Ma cousine est très …… .
- c Je suis grande et j'ai les …… blonds.
- d J'ai les …… marron et les cheveux noirs.
- e Mon frère est assez …… .

3 Relie les bulles aux jeunes.
Match the speech bubbles to the right speaker.
Exemple: **1 – c**

a) *Je suis grand et mince. J'ai les cheveux bruns et les yeux marron. Ma mère s'appelle Charlotte.*

b) *Je suis énergique et sportive. Je suis petite et un peu grosse. J'ai un frère. Il s'appelle Max.*

c) *Je m'appelle Marc. Je suis fils unique. J'ai les yeux verts et les cheveux blonds et courts.*

d) *Salut! J'ai les cheveux longs et noirs, mais ma sœur a les cheveux blonds et courts.*

4 Qui n'a pas de bulle? Invente une bulle pour lui/elle.
Which speaker does not have a speech bubble?
Write a bubble for him/her.

En plus 2

Correspondants francophones

1 Écoute. Note les renseignements sur Émilie.
Listen and note as many details as possible to fill in this form on Émilie.

> Prénom/Nom: Émilie Lançon
> Âge:
> Anniversaire:
> Habite à:
> Parents:
> Frères/Sœurs:
> Animaux:
> Apparence physique:
> Personnalité:
> Point faible:

2 Lis les annonces. Choisis un(e) correspondant(e) pour Émilie.
Émilie is looking for a penfriend with similar interests to herself. Read the ads and decide who would be more suitable.
Exemple: Pour Émilie, je choisis … Il/Elle a/est …

> **Je m'appelle Sylvaine**. J'ai 12 ans le 13 mars. J'habite à Montréal. Mon père s'appelle Henri et ma mère Carole. J'ai une grande famille: trois frères et deux sœurs!
> Je n'ai pas d'animaux à la maison. Je n'aime pas ça. Je suis sérieuse et très timide. Je suis petite et assez mince. Mon point faible: je ne suis pas du tout sportive!

> **Je m'appelle Hervé**. J'ai 15 ans le 31 mai. J'habite à Montréal. Dans ma famille, j'ai mon père, ma mère et un petit frère. J'ai aussi des animaux: une souris, un hamster et des poissons. J'ai les cheveux bruns et les yeux bleus. Je suis assez grand et très, très sportif! Je suis sympa et très marrant. Mon point faible: je ne suis pas assez sérieux!

3 Choisis un(e) correspondant(e) pour toi.
Which of these penpals do you think is the best for you?
Exemple: Je choisis … Il/Elle …

4 Recopie et remplis la fiche pour toi.
Copy out the form and fill it in with your details.

5 Réécoute l'interview d'Émilie et note les 10 questions.
Listen to Emilie's interview again and note down the 10 questions.

6 Interviewe ton/ta partenaire, puis changez de rôles.
Interview a partner and then swap roles.

7 Écris une annonce pour toi (entre 60-70 mots).
Write an ad describing yourself (use 60-70 words).

cent sept

Encore 3

Vive le collège!

1 Relie les matières aux symboles.
Match the names below to the symbols on the grid.

les maths
la musique
le français
la géographie
les sciences
l'anglais
l'EPS
l'informatique
le dessin

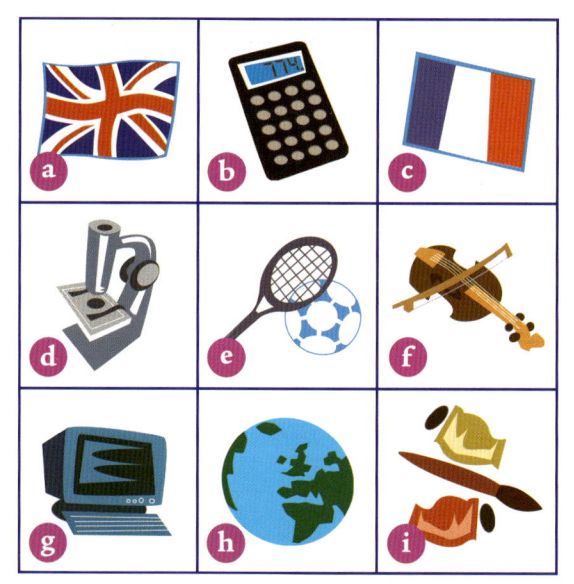

2 a Écoute. Identifie les matières. Note la lettre.
Listen. Which school subject are the pupils talking about? Note down the letter by the symbol.
Exemple: **1 – h**

b Réécoute. Opinion positive ou négative?

Dessine 🙂 ou ☹.

Listen again. Are they giving a positive or negative opinion?
Draw 🙂 or ☹.

3 À deux. Parlez à tour de rôle.
Use the grid above to play '3 in a row' with a partner. Take turns to say what you think of a subject to place your counter on the grid.
Exemple: J'aime le français.
Je n'aime pas la musique…

4 Continue la bulle de Marine.
Look at the outlines to find out what is in Marine's bag and finish her speech bubble.

C'est lundi. Dans mon sac, j'ai deux crayons,…

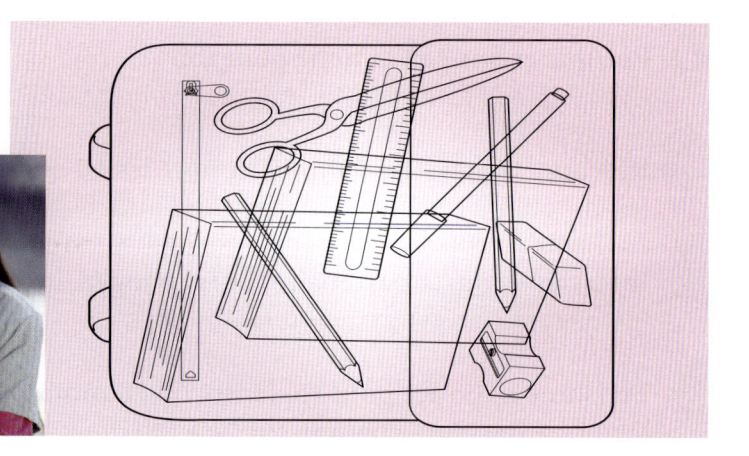

cent huit
108

En plus 3

Bienvenue au collège!

BIENVENUE AU COLLÈGE JEAN-MOULIN!

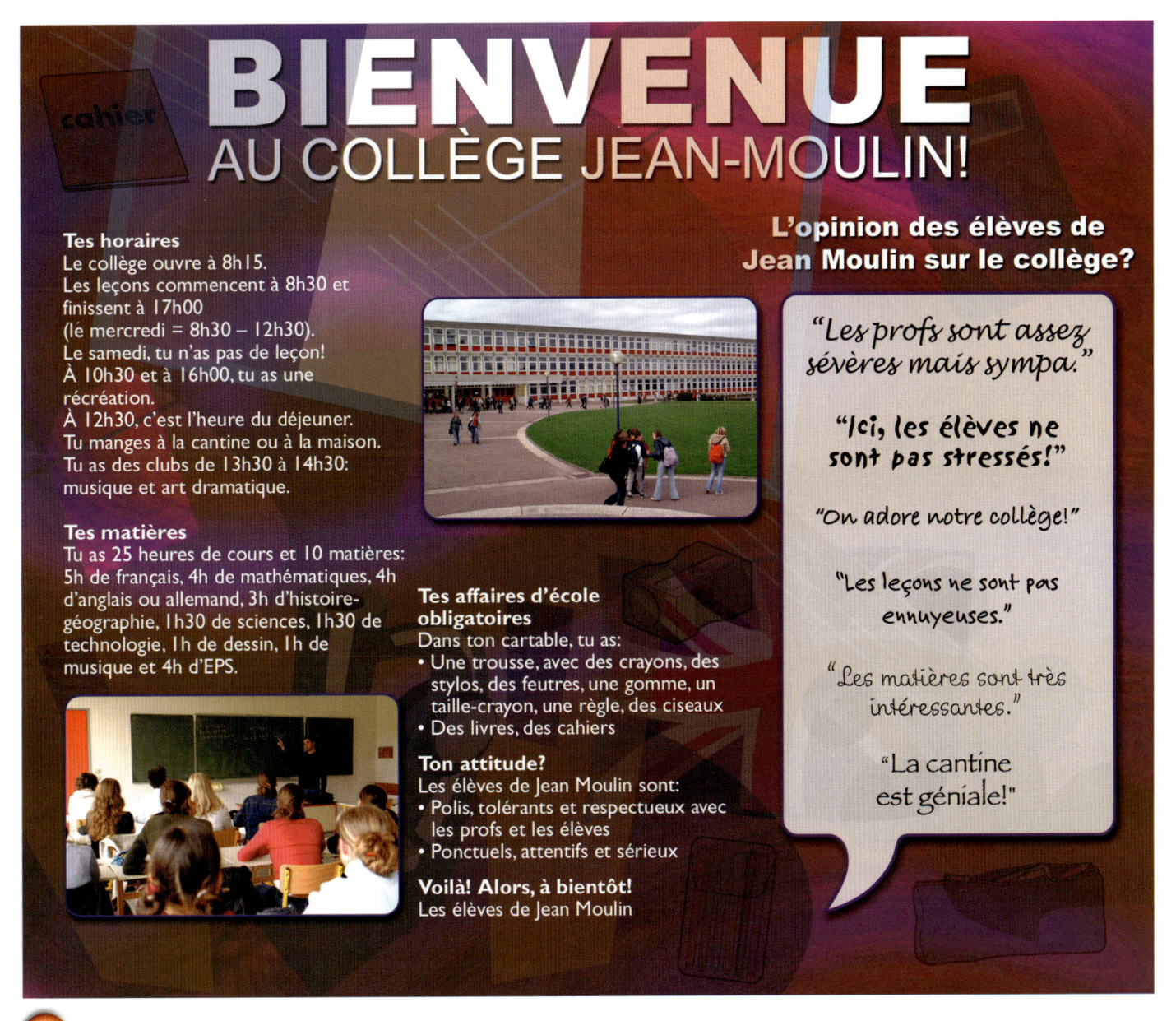

Tes horaires
Le collège ouvre à 8h15.
Les leçons commencent à 8h30 et finissent à 17h00
(le mercredi = 8h30 – 12h30).
Le samedi, tu n'as pas de leçon!
À 10h30 et à 16h00, tu as une récréation.
À 12h30, c'est l'heure du déjeuner.
Tu manges à la cantine ou à la maison.
Tu as des clubs de 13h30 à 14h30: musique et art dramatique.

Tes matières
Tu as 25 heures de cours et 10 matières: 5h de français, 4h de mathématiques, 4h d'anglais ou allemand, 3h d'histoire-géographie, 1h30 de sciences, 1h30 de technologie, 1h de dessin, 1h de musique et 4h d'EPS.

Tes affaires d'école obligatoires
Dans ton cartable, tu as:
- Une trousse, avec des crayons, des stylos, des feutres, une gomme, un taille-crayon, une règle, des ciseaux
- Des livres, des cahiers

Ton attitude?
Les élèves de Jean Moulin sont:
- Polis, tolérants et respectueux avec les profs et les élèves
- Ponctuels, attentifs et sérieux

Voilà! Alors, à bientôt!
Les élèves de Jean Moulin

L'opinion des élèves de Jean Moulin sur le collège?

"Les profs sont assez sévères mais sympa."

"Ici, les élèves ne sont pas stressés!"

"On adore notre collège!"

"Les leçons ne sont pas ennuyeuses."

"Les matières sont très intéressantes."

"La cantine est géniale!"

---

1 Lis le poster. Réponds en anglais.
Read the poster and answer the questions in English.
- a Who made this poster?
- b Who is it for?
- c What does *horaires* refer to?
- d What do pupils do at lunchtime?
- e What attitude is expected from pupils?
- f What is the pupils' general opinion of their school?

2 Écoute. Ce sont des élèves du collège Jean Moulin? Pourquoi?
Listen. Are these Jean Moulin pupils? Explain why.
Exemple: **1** Il n'est pas au collège J.M. parce qu'il…

3 Fais un poster sur ton collège pour les nouveaux élèves.
Make a poster about your school for new pupils.

cent neuf

Encore 4

Au centre sportif

1 Écoute. C'est samedi (S) ou dimanche (D)?
Listen. Is it Saturday (S) or Sunday (D)?
Exemple: **1– S**

2 Partenaire A dit une activité, partenaire B dit la personne.
Partner A says an activity; partner B works out who would say it.
Exemple: A: C'est dimanche. Je fais du jogging.
B: Tu es Papa?
A: Oui.

3 a Vrai ou faux?
True or false?
1 Samedi, Papy fait du bowling.
2 Dimanche, Draculette joue au ping-pong.
3 Samedi, Mamie fait de la natation.
4 Dimanche, Draco fait de la musculation.
5 Samedi, Maman joue aux boules.
6 Dimanche, Papa fait de la natation.

b Corrige les erreurs.
Correct the sentences that are wrong.

4 Choisis un jour et écris qui fait quoi.
Choose a day and write who is doing what.
Exemple: C'est samedi. Papa fait du judo, Maman joue au …

cent dix
110

En plus 4

Vive les loisirs!

1 Lis le mail d'Alexandre. Note les illustrations dans l'ordre du texte.
Read Alexandre's email about his leisure activity during the week. Note the letters of the activities and places in the order he mentions them.
Exemple: **c...**

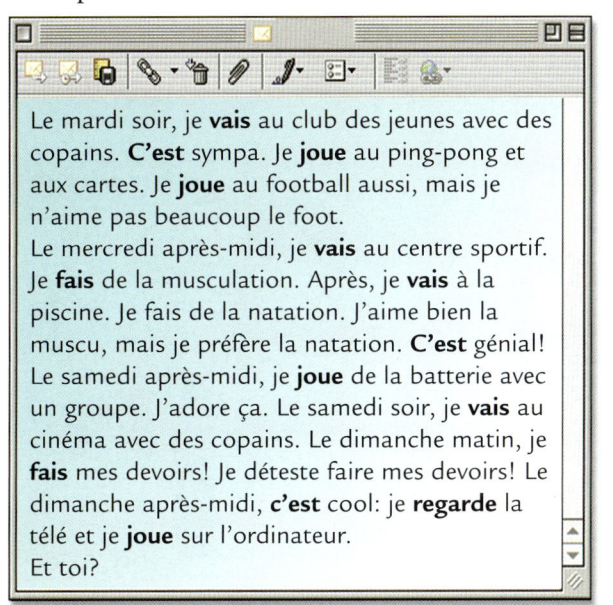

> Le mardi soir, je **vais** au club des jeunes avec des copains. **C'est** sympa. Je **joue** au ping-pong et aux cartes. Je **joue** au football aussi, mais je n'aime pas beaucoup le foot.
> Le mercredi après-midi, je **vais** au centre sportif. Je **fais** de la musculation. Après, je **vais** à la piscine. Je fais de la natation. J'aime bien la muscu, mais je préfère la natation. **C'est** génial!
> Le samedi après-midi, je **joue** de la batterie avec un groupe. J'adore ça. Le samedi soir, je **vais** au cinéma avec des copains. Le dimanche matin, je **fais** mes devoirs! Je déteste faire mes devoirs! Le dimanche après-midi, **c'est** cool: je **regarde** la télé et je **joue** sur l'ordinateur.
> Et toi?

2 Complète les phrases.
Copy out and fill in the sentences about Alexandre.
Exemple: **a** Alexandre *joue* au ping-pong et aux cartes *au* club des jeunes.

a Alexandre …… au ping-pong et aux cartes …… club des jeunes.
b Il …… le football.
c Il …… au centre sportif pour faire de la musculation. Il …… de la natation …… la piscine.
d Il …… jouer de la batterie.
e Il …… faire …… devoirs!

3 Qu'est-ce que tu as fait la semaine dernière? Écris la réponse d'Alexandre.
What did Alexandre do last week? Use the information in his email to write his reply. Change the verbs in bold in the text above to verbs in the past tense from the box on the right.
Exemple: Mardi soir, *je suis allé* au club des jeunes… C'était sympa.

> je suis allé(e)
> j'ai joué
> j'ai fait
> j'ai regardé
> c'était

4 Écris une réponse à Alexandre.
Write Alexandre a reply, saying what your leisure activities are during the week. Use his email as a model and invent hobbies if you are not as busy as he is!
Exemple: Le lundi soir, je vais au club de musique. C'est sympa. Je joue du clavier…

> **Attention!**
> **le lundi** on Mondays
> **lundi** on Monday

cent onze

111

Encore 5

Au café

1 Trouve 6 choses à manger ou à boire.
Rearrange the letters to find 6 things to eat or drink.

- a é f a c
- b e t p o u l
- c f r a g o m e
- d m m p o s e
- e o n s o i g n
- f b r g h a u e r m

2 Recopie le menu. Complète avec les mots de l'exercice 1.
Copy out the menu and fill in the gaps with the words from exercise 1.

un ...... -frites 4€

du ...... avec des pâtes au beurre 6,50€

un coca 2,50€

un ...... 1€

un sandwich au ...... 3€

un hot-dog avec des ...... 3,50€

un jus de ...... 1,70€

une bière 3,40€

3 Écoute. Note les commandes.
Listen. Note down the orders.

4 Qu'est-ce qu'on va prendre?
Say what each ghost wants to eat and drink.
Exemple: A: Qu'est-ce que vouz allez prendre?
          B: Je voudrais ...... et ......, s'il vous plait.

a   b   c   d

5 Qu'est-ce que tu vas prendre? Écris la liste.
Write what you would like to eat and drink.

En plus 5

ENCORE / EN PLUS 5

Pique-nique et santé!

1 Regarde les aliments. Fais deux listes.
  a C'est bon pour la santé.
  b Ce n'est pas bon pour la santé.
  List the picnic food under heading **a** (healthy) or **b** (unhealthy).
  Exemple: Les chips, ce n'est pas bon pour la santé.

les chips
la salade
le concombre

les sandwichs au fromage
la pizza
les œufs

les bananes
les pâtisseries
les biscuits

la limonade
l'eau minérale
le jus de pomme

2 Offre des aliments à ton/ta partenaire. Il/Elle accepte ou refuse et explique pourquoi (suggestions dans la boîte).
  Offer your partner some food. He/She either accepts or refuses politely explaining why, using ideas from the box on the right.
  Exemple: A: Tu veux de la pizza?
  B: Non, merci, (parce que) ce n'est pas bon pour la santé.
  ou: Oui, s'il te plaît. J'adore ça!

> J'adore ça!
> Je déteste ça!
> C'est bon/Ce n'est pas bon pour la santé.
> J'ai faim/soif!
> Je n'ai pas faim/soif!
> Je suis végétarien/végétarienne.

3 À deux. Préparez le menu pour un pique-nique. Choisissez les aliments dans les 4 groupes: **entrée, plat principal, dessert, boisson.**
  In pairs. Prepare a picnic, choosing food from each of the 4 headings above.
  Exemple: A: Comme entrée, on prend des chips.
  B: J'aime bien les chips mais ce n'est pas bon pour la santé! On prend de la salade aussi?
  A: OK...

> **Reminder!**
> J'aime... Tu veux...? On prend...?
> **le** concombre   **du** concombre
> **la** pizza   **de** la pizza
> **les** biscuits   **des** biscuits

cent treize

Encore 6

Ma chambre

1 Lis et écoute les messages de Romain et de Nathalie. Regarde l'image. C'est la chambre de qui?
Read and listen to Romain and Nathalie's messages. Look at the picture above. Whose bedroom is it?

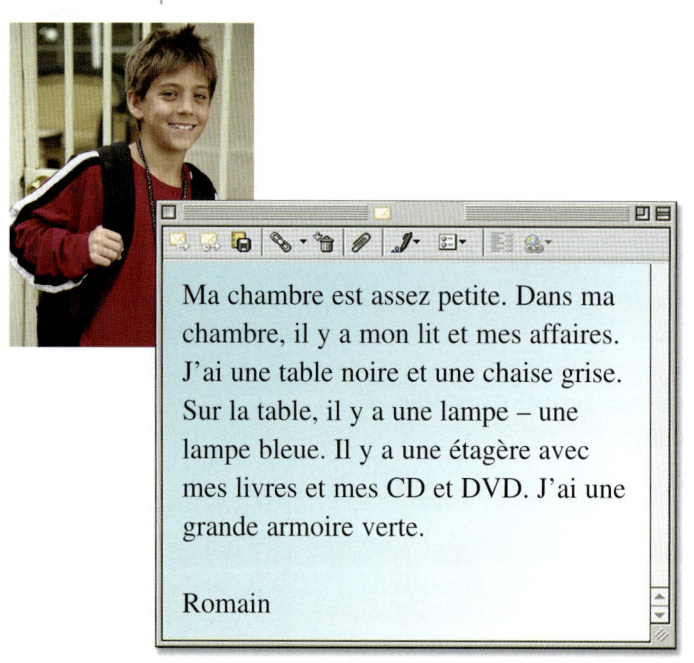

Ma chambre est assez petite. Dans ma chambre, il y a mon lit et mes affaires. J'ai une table noire et une chaise grise. Sur la table, il y a une lampe – une lampe bleue. Il y a une étagère avec mes livres et mes CD et DVD. J'ai une grande armoire verte.

Romain

Ma chambre est sympa. Dans ma chambre, il y a un lit et une armoire blanche. Entre le lit et l'armoire, il y a une petite table noire. Sur la table, j'ai une lampe bleue. Sous le lit, il y a mes magazines. J'ai une étagère grise. Sur l'étagère, j'ai ma radio et mes livres.

Nathalie

2 Réponds aux questions.
Answer the questions.

a La chambre de Romain est grande?
b La chaise de Romain est jaune?
c Où est sa lampe?
d Où sont ses DVD?
e Nathalie aime sa chambre?
f Qu'est-ce qu'il y a sur la table de Nathalie?
g Où est sa radio?
h Où sont ses magazines?

3 À toi de décrire ta chambre idéale.
Describe your ideal bedroom.

cent quatorze

114

En plus 6

ENCORE / EN PLUS 6

Vacances à Sainte-Anne

Audrey est allée en vacances à Sainte-Anne, une petite ville au bord de la mer, dans le sud-est de la Guadeloupe. Voici un extrait de son journal.

> Cher journal!
> **24 avril**
> Je suis à Sainte-Anne! On a un bungalow à 20 mètres de la plage! Il y a une chambre, une salle de bains et une petite cuisine. Il y a une armoire, une table et deux chaises. Il n'y a pas de télé, pas de radio, pas d'ordinateur, juste un téléphone sur l'étagère, derrière la lampe!
>
> **25 avril**
> J'adore la plage! Le sable* est beau et blanc! La mer est bleue et chaude! J'ai nagé avec des poissons orange et violets! Super! Il y a des petits restaurants sur la plage, alors à midi, on a mangé sur la plage! Génial!
>
> **26 avril**
> On est allés sur le volcan*. Il a fait beau et chaud.! On a aussi visité le parc régional. Là, on a fait une promenade sur les arbres*! Moi, j'ai adoré!
>
> **27 avril**
> Aujourd'hui, on est allés à Pointe-à-Pitre. On a fait une promenade au centre-ville et on a visité deux musées, mais je n'ai pas aimé. On est aussi allés au marché Saint-Antoine. Là, j'ai acheté* un super tee-shirt jaune.
>
> **28 avril**
> Aujourd'hui, on a fait une grande promenade en mer! On est allés aux Saintes, une petite île. On a visité un vieux fort avec beaucoup d'iguanes verts!
>
> **29 avril**
> Ce matin, il y a de l'orage et il pleut beaucoup mais il ne fait pas froid. S'il y a du soleil l'après-midi, on va faire une promenade à la campagne.

GUADELOUPE

* le sable sand
* un volcan volcano
* les arbres trees
* j'ai acheté I bought

1 Écoute et lis le journal d'Audrey. Trouve:
Listen and read Audrey's diary. Find the following:
- 6 couleurs
- 3 noms de pièces
- 8 objets dans la chambre
- 6 expressions pour décrire le temps

2 Réponds aux questions en anglais.
a Where is the bungalow situated?
b What is available in the accommodation?
c What does Audrey like about the beach in Sainte-Anne?
d Where did Audrey eat on her second day?
e Where did Audrey walk during her visit to the regional park?
f What didn't Audrey enjoy in Pointe-à-Pitre?
g What did she do and see on les Saintes?
h What will happen if the weather clears up on 29 April?

3 A choisit une journée d'Audrey. B pose des questions.
A répond *oui* ou *non*. B devine la date.
A chooses a day. B asks yes/no questions to work out which day A has chosen.

Exemple:
B: Elle a visité un musée?
A: Non.
B: Elle a fait une promenade en mer?
A: Oui.
B: Alors, c'est le 28 avril!

cent quinze

115

Lecture 1

Encore

1 a Calcule ton chiffre ♥. Additionne le chiffre de ton prénom + ton jour d'anniversaire + ton mois d'anniversaire + le chiffre de l'année.

Work out your ♥ number. Add up the numbers from your first name, the day and month of your birthday and the current year.

Exemple: M A N N Y = 5 lettres = **5**
Mon anniversaire, c'est le 12 mars = 12/03 = 12 + 3 = **15**
Année 2004 = 2 + 4 = **6**
Chiffre ♥ = 5 + 15 + 6 = 26 = 2 + 6 = **8**
Chiffre ♥ de Manny = **8**!

b Calcule le chiffre ♥ de ton papa, ta maman et tes copains.

Work out the ♥ number of your father, mother and friends.

2 Lis les lettres. Regarde les dessins A à D. Trouve le prénom des garçons ou des filles des dessins.

Read the letters. Look at pictures A to D. Work out the names of the people in the pictures.

1
Bonjour,
Je m'appelle Anaïs et j'ai 13 ans. Moi, j'ai beaucoup d'animaux. J'ai des chevaux. J'ai un poisson et un chien et aussi une souris. Et toi?
Salut!
Anaïs

2
Salut!
Je m'appelle Martin. J'ai 11 ans. J'habite à Paris et je n'ai pas d'animaux à la maison. C'est dommage. Et toi?
Salut!
Martin

3
Salut!
Je m'appelle Kevord. J'ai 13 ans. J'ai trois chats et j'ai aussi un hamster: c'est Barnabé! Regarde la photo, c'est Barnabé!
Mon anniversaire, c'est le 12 mai. L'anniversaire de Barnabé, c'est le 12 mai aussi. Génial, non?
Bisous.
Kevord

4
Bonjour!
Moi, je m'appelle Inès et j'ai beaucoup d'animaux. J'ai un cheval et un lapin. Je n'ai pas de serpent. Je ne comprends pas les personnes avec des serpents. Et toi? Tu as des animaux? Tu as un serpent?
Bises.
Inès

5
Salut!
Je m'appelle Florentine et j'ai 12 ans. Je n'ai pas de chien mais j'ai un chat. Je n'ai pas de poisson et je n'ai pas de souris. J'adore les animaux!
Bisous.
Florentine

6
Bonjour!
Je m'appelle Florian. J'habite à Lille et j'ai 14 ans. Moi, j'ai un serpent. C'est super génial les serpents. Et toi? Tu as des animaux?
Au revoir.
Florian

cent seize
116

Lecture 1

En plus

1 Une famille française sur trois a un chien et une famille française sur quatre a un chat.
Regarde le dessin et fais des phrases. Écris les chiffres en lettres.
One in three French families has a dog and one in four French families has a cat. Look at the pie chart and make up sentences. Write the numbers in letters.
Exemple : Les Français ont dix millions de chiens.

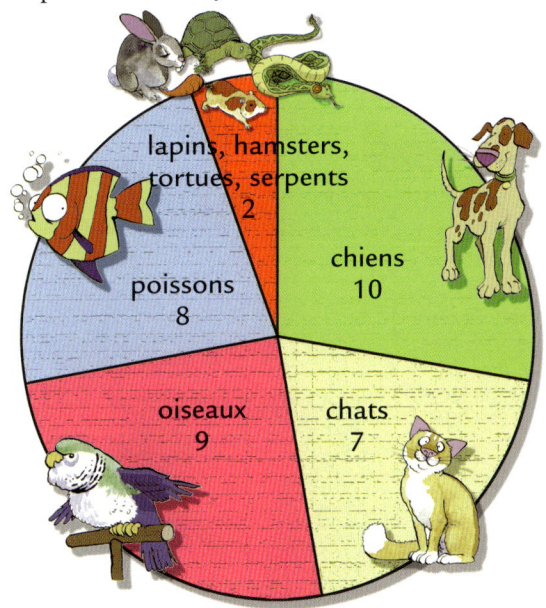

lapins, hamsters, tortues, serpents 2
chiens 10
poissons 8
oiseaux 9
chats 7

Nombre d'animaux familiers en millions

2 Regarde la carte d'identité de Manon et écris le mail de Manon.
Look at Manon's identity card and write her email.
Exemple : Je m'appelle...

RÉPUBLIQUE FRANÇAISE
Nom : Boulanger
Prénom : Manon
Anniversaire : 6 mai 1991
Ville : Marseille
Animaux : 1 chat

1234567890>>>>>>>>>>>>>>>>>>>>12<<<<<<<<<<

3 Et toi ? Invente ta carte d'identité.
Your turn. Make up your own identity card.

cent dix-sept
117

Lecture 2

Encore

1 Familles célèbres. Trouve la légende de chaque dessin.
Find the caption for each picture.

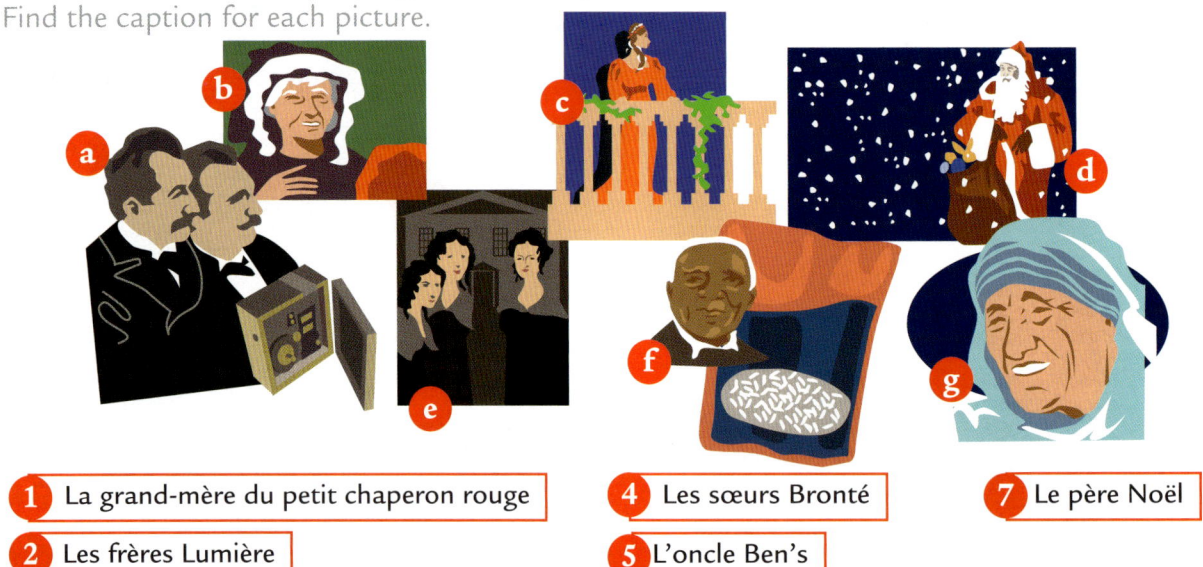

1. La grand-mère du petit chaperon rouge
2. Les frères Lumière
3. Juliette, la cousine de Roméo
4. Les sœurs Bronté
5. L'oncle Ben's
6. Mère Térésa
7. Le père Noël

2 Lis le mail de Lou. Copie et complète son arbre de famille.
Read Lou's email. Copy and complete her family tree.

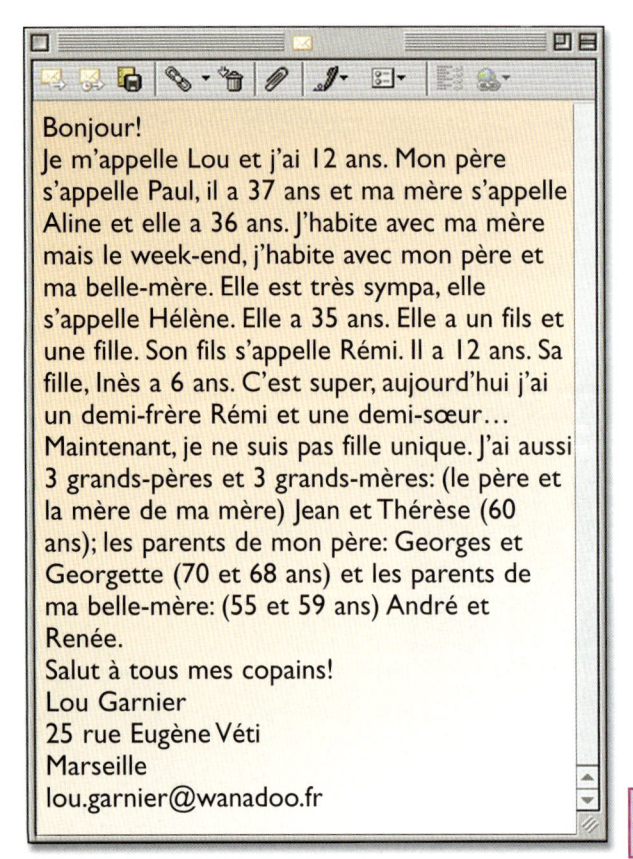

Bonjour!
Je m'appelle Lou et j'ai 12 ans. Mon père s'appelle Paul, il a 37 ans et ma mère s'appelle Aline et elle a 36 ans. J'habite avec ma mère mais le week-end, j'habite avec mon père et ma belle-mère. Elle est très sympa, elle s'appelle Hélène. Elle a 35 ans. Elle a un fils et une fille. Son fils s'appelle Rémi. Il a 12 ans. Sa fille, Inès a 6 ans. C'est super, aujourd'hui j'ai un demi-frère Rémi et une demi-sœur… Maintenant, je ne suis pas fille unique. J'ai aussi 3 grands-pères et 3 grands-mères: (le père et la mère de ma mère) Jean et Thérèse (60 ans); les parents de mon père: Georges et Georgette (70 et 68 ans) et les parents de ma belle-mère: (55 et 59 ans) André et Renée.
Salut à tous mes copains!
Lou Garnier
25 rue Eugène Véti
Marseille
lou.garnier@wanadoo.fr

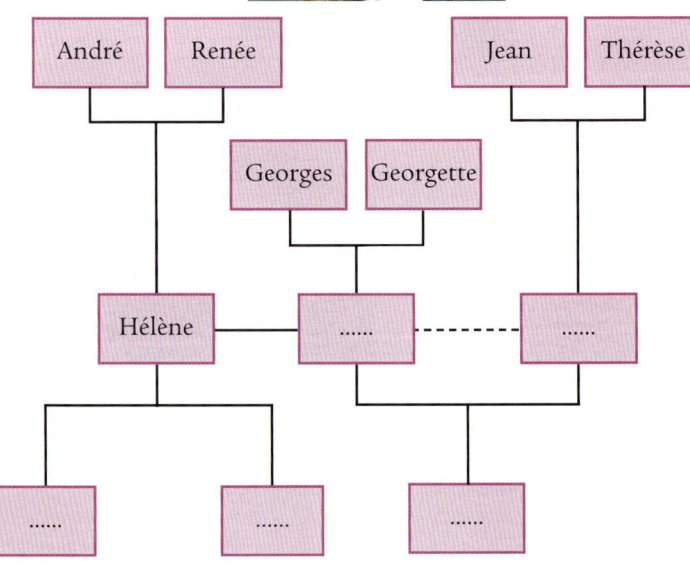

cent dix-huit

118

Lecture 2

En plus

1 Tu es le portrait de... ton père? ta mère? Fais ce quiz. Fais attention aux couleurs!
Do you look like your father or your mother? Complete the quiz. Pay attention to the colours!

Exemple: **1** Mon père est grand.
    a Je suis assez petite.
    b Je ne suis pas très grande.

1 Ton père est grand / petit.
  a Tu es assez ...... ?
  b Tu n'es pas très ...... ?

2 Ton père est mince / gros.
  a Tu es assez ...... ?
  b Tu n'es pas très ...... ?

3 Il a les cheveux blonds / bruns.
  a Tu as ...... ?
  b Tu n'as pas ...... ?

4 Il a les yeux bleus / marron / verts.
  a Tu as ...... ?
  b Tu n'as pas ...... ?

5 Il est sérieux / drôle.
  a Tu es assez ...... ?
  b Tu n'es pas très ...... ?

6 Il est sportif / TV.
  a Tu es assez ...... ?
  b Tu n'es pas très ...... ?

7 Il est intelligent / bête.
  a Tu es assez ...... ?
  b Tu n'es pas très ...... ?

8 Il est timide / relax.
  a Tu es assez ...... ?
  b Tu n'es pas très ...... ?

Couleurs identiques:
Total **a** = ...
Total **b** = ...

1 Ta mère est grande / petite.
  a Tu es assez ...... ?
  b Tu n'es pas très ...... ?

2 Ta mère est mince / grosse.
  a Tu es assez ...... ?
  b Tu n'es pas très ...... ?

3 Elle a les cheveux blonds / bruns.
  a Tu as ...... ?
  b Tu n'as pas ...... ?

4 Elle a les yeux bleus / marron / verts.
  a Tu as ...... ?
  b Tu n'as pas ...... ?

5 Elle est sérieuse / drôle.
  a Tu es assez ...... ?
  b Tu n'es pas très ...... ?

6 Elle est sportive / TV.
  a Tu es assez ...... ?
  b Tu n'es pas très ...... ?

7 Elle est intelligente / bête.
  a Tu es assez ...... ?
  b Tu n'es pas très ...... ?

8 Elle est timide / relax.
  a Tu es assez ...... ?
  b Tu n'es pas très ...... ?

Couleurs identiques:
Total **a** = ...
Total **b** = ...

Réponses

Couleurs identiques avec ton père:
+ de **a** = tu es comme ton père.
+ de **b** = tu n'es pas comme ton père.

Couleurs identiques avec ta mère:
+ de **a**: tu es comme ta mère.
+ de **b**: tu n'es pas comme ta mère.

Compare le nombre de 'a' avec ton père et ta mère.
Je suis + comme ....

cent dix-neuf 119

Lecture 3

Encore

1 Trouve les 10 mots dans la grille (→↓). Attention! Un mot est répété 2 fois! Lequel?
Find 10 words in the grid (→↓). Be careful, one word appears twice! Which one?

	1	2	3	4	5	6	7	8	9	10	11	12
1	C	A	L	C	U	L	A	T	R	I	C	E
2	R	O	S	A	C	I	U	R	Z	D	A	L
3	A	I	H	H	U	S	G	O	M	M	E	O
4	Y	B	J	I	I	W	O	U	E	U	R	P
5	O	A	K	E	O	C	M	S	T	Y	L	O
6	N	G	L	R	E	I	Y	S	E	I	D	R
7	E	T	F	E	U	T	R	E	S	N	Q	X
8	T	A	I	L	L	E	C	R	A	Y	O	N
9	S	T	Y	V	O	D	U	E	C	A	K	A

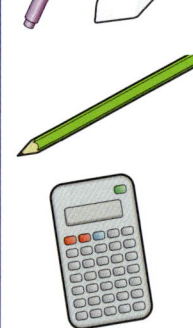

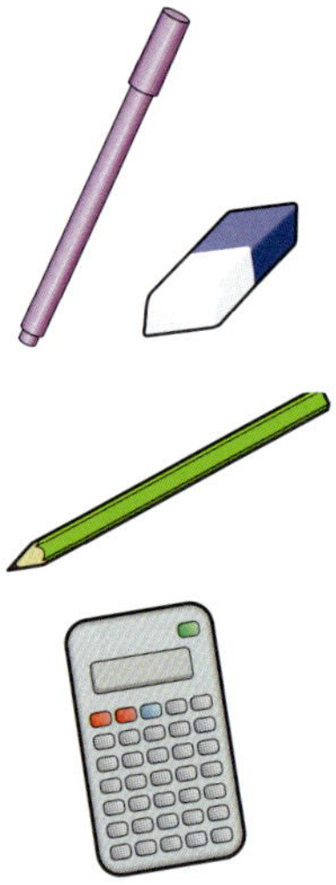

2 Trouve le livre de chaque élève.
Find each pupil's book.

1. Grammaire
2. Des Volcans
3. Mozart

Mélanie: *Je déteste les maths!*
Robin: *J'aime beaucoup la musique.*
Caroline: *J'aime le français.*
Florian: *J'adore la géo!*
Fatmanur: *L'espagnol, c'est cool!*
Idris: *J'aime beaucoup l'EPS.*

4. Les Pourcentages pour les Nuls
5. L'école à Madrid
6. Les jeux Olympiques

cent vingt

Lecture 3

En plus

1 Lis le mail de Firmin deux ou trois fois.
Read Firmin's email two or three times.

> Bonjour!
> Je m'appelle Firmin. J'ai 12 ans et je suis Martiniquais. J'habite à Fort de France. C'est une grande ville en Martinique. Je suis au collège. J'adore le collège. J'ai des profs super!
> Ma matière préférée, c'est SVT (Sciences et Vie de la Terre). Nous avons des films sur la production de bananes, en cours de SVT. C'est très intéressant.
> Je n'aime pas beaucoup l'histoire mais j'adore la géographie. En géographie, j'ai des cours sur les volcans. Nous avons un volcan en Martinique: c'est la montagne Pelée.
> Ce matin, je n'ai pas de cours car c'est samedi! Il est 9h00 à Fort de France. Et en France, il est quelle heure? 14 heures? Oui, c'est ça! Nous avons cinq heures de moins avec la France. Alors en Martinique, c'est le matin, et en France, c'est l'après-midi. C'est bizarre!
> Cet après-midi, je joue au foot. J'adore le foot.
> Et toi? Salut!
> Firmin

2 Vrai ou faux?
True or false?

a Firmin est au collège.
b Firmin habite en France.
c Firmin n'aime pas le collège.
d La matière préférée de Firmin c'est SVT.
e Ils ont un volcan en Martinique.
f Il déteste la géographie.
g Il a un cours sur les bananes en histoire.
h C'est le matin en Martinique.
i En France, c'est le matin aussi.
j Firmin joue au foot.

3 Lis le texte et écris un résumé en anglais sur la Martinique.
Read the text and write a summary in English about Martinique.

La Martinique

Dates:
1502 Christophe Colomb découvre la Martinique
1848 Abolition de l'esclavage
1902 Éruption volcanique de la Montagne Pelée = 30 000 ✝
1946 Département français

POPULATION = 415 000 habitants
Ville principale: **FORT DE FRANCE** = 100 000 habitants
Climat chaud et humide = Les températures sont 22°C la nuit et 30°C le jour.

La Martinique colonisée par les Français puis les Anglais est aujourd'hui française.
C'est une île des Antilles à 6 748 kilomètres de Paris, mais c'est un département français. L'île de la Martinique est magnifique. Elle a un paysage fantastique, elle a des montagnes, des volcans, des forêts, des rivières. La Montagne Pelée est une montagne désertique car c'est un volcan.
C'est une île avec 350 kilomètres de côtes! Tous les trois ou quatre ans, les cyclones arrivent!
La culture principale c'est la banane, le rhum, le sucre ou la canne à sucre. La pêche (6 000 tonnes de poissons) et le tourisme sont très importants en Martinique.

cent vingt et un

Lecture 4

Encore

1 En France, 55% des jeunes de 8 à 14 ans font un sport. Voici les meilleures équipes sportives des villes françaises. Regarde la carte et complète les phrases.
In France, 55% of 8 to 14-year-olds play a sport. Here are the best teams from various French towns. Look at the map and complete the sentences.

Exemple: **a** On fait de la musculation et du skate à Paris.

a ...... à Paris.
b ...... à Bayonne.
c ...... à Grenoble.
d ...... à Strasbourg.
e ...... à Lille.
f ...... à Marseille.

2 Lis les définitions, recopie la grille et trouve les mots corrects.
Read the definitions, copy the grid and fill in the correct words.

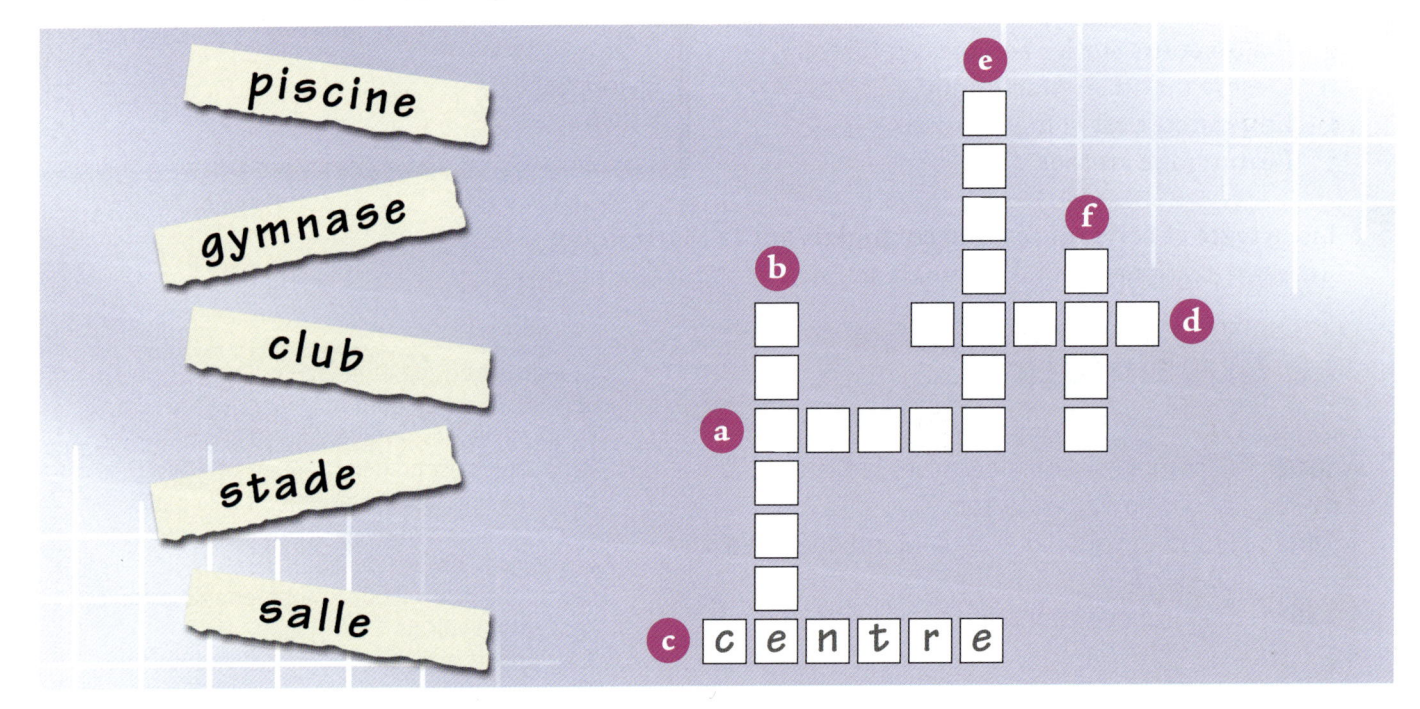

piscine
gymnase
club
stade
salle

a Je fais du foot et du rugby au ....
b Tu fais de la natation à la ....
c Il fait son shopping au **centre** commercial.
d Elles font de la musculation à la ...... de sport.
e On fait de la gymnastique au ....
f Ils font des parties d'échecs au ...... d'échecs.

cent vingt-deux

122

Lecture 4

En plus

1 Qui est qui? Ces jeunes Français sont très sportifs et ils aiment la musique. Lis les phrases et retrouve les prénoms dans le tableau.

Who's who? These French teenagers are very sporty and they like music. Read the sentences and work out where Alice, Pierre, Céline and Victor go on the grid.

Elle a joué du piano mardi et jeudi et elle joue au rugby dimanche = **Céline**

Elle n'a pas joué au basket mercredi, mais elle joue au basket ce week-end = **Alice**

Il n'a pas joué de la guitare mardi, mais il a joué du violon jeudi et il a joué au foot vendredi = **Victor**

Il ne joue pas de la guitare ce week-end parce qu'il joue au rugby, mais il a joué de la guitare mardi et jeudi = **Pierre**

Prénoms?	L	M	M	J	V	S	D
a	violon	piano	guitare	piano		basket	basket
b		piano		violon	foot		
c	guitare	piano		piano			rugby
d	basket	guitare		guitare		rugby	rugby

2 Quiz: Es-tu en bonne forme physique?

1 Combien d'heures de télé regardes-tu chaque jour?
   a trois heures par jour (1 point)
   b deux heures par jour (2 points)
   c une heure par jour (3 points)

2 Le samedi, qu'est-ce que tu fais?
   a tu regardes la télé? (1 point)
   b tu fais les courses au centre commercial? (2 points)
   c tu fais du sport? (3 points)

3 Qu'est-ce que tu manges?
   a tu aimes les frites et les fruits (2 points)
   b tu détestes manger des frites et tu préfères manger des fruits (3 points)
   c tu adores manger des frites (1 point)

4 Combien de fois vas-tu à la piscine?
   a une fois par mois (1 point)
   b deux fois par semaine (2 points)
   c quatre fois par semaine (3 points)

5 Ton collège est à deux kilomètres de ta maison. Tu vas au collège:
   a en jogging (3 points)
   b en vélo (2 points)
   c en bus (1 point)

6 Tu adores:
   a regarder les matchs de tennis ou de foot à la télé (1 point)
   b jouer au tennis ou au foot sur ton ordinateur ou ta PlayStation (2 points)
   c jouer au tennis avec tes copains (3 points)

Réponses:
Tu as + de 15 points: Tu es en très bonne forme physique et tu aimes le sport!
Tu as - de 10 points: Tu es assez énergique, mais faire du sport, c'est bien.
Tu as - de 6 points: Attention! Faire un exercice physique c'est très important.

Lecture 5

Encore

1 Sondage: les Français à table.
Lis le sondage et réponds aux questions en anglais.
Look at the survey and answer the questions in English.

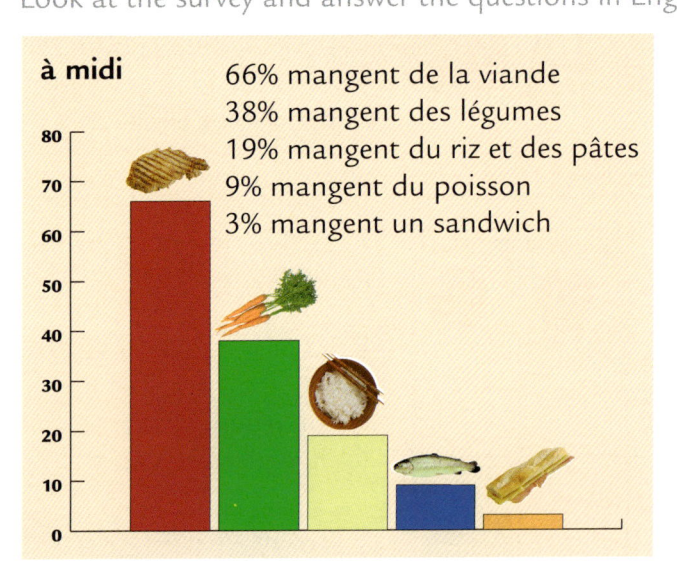

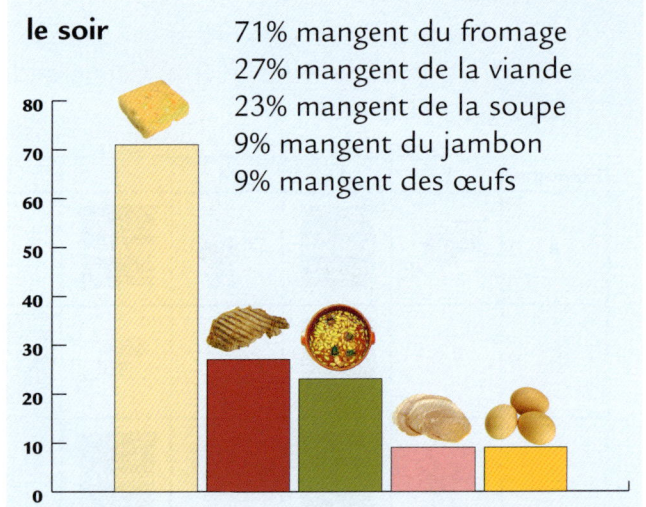

à midi
66% mangent de la viande
38% mangent des légumes
19% mangent du riz et des pâtes
9% mangent du poisson
3% mangent un sandwich

le soir
71% mangent du fromage
27% mangent de la viande
23% mangent de la soupe
9% mangent du jambon
9% mangent des œufs

a Do many French people eat sandwiches at lunchtime?
b What do French people eat at lunchtime?
c Do many French people eat fish for lunch?
d In the evening, what do most French people eat?
e Do many French people eat eggs in the evening?
f Do they eat more meat at lunchtime or in the evening?

2 Et toi? Qu'est-ce que tu prends au petit déjeuner le week-end?
Regarde les dessins et choisis!
What about you? What do you have for breakfast at the weekend? Look at the pictures and choose!
Exemple: Au petit déjeuner, je prends…

cent vingt-quatre
124

Lecture 5

En plus

1 La fête de la Chandeleur.
Vrai ou faux?
True or false?

Au mois de février, en France, c'est la fête de la chandeleur. On mange des crêpes! L'origine du mot 'chandeleur' c'est le mot latin: 'Candelorum festum' (fête des chandelles/'candles feast').

On mange des crêpes salées ou des crêpes sucrées et on fait la fête! La tradition c'est de tourner les crêpes avec 1 euro pour être riche toute l'année.

Voici les ingrédients de la pâte à crêpes pour cinq personnes:
- ✓ 250 grammes de farine
- ✓ $\frac{3}{4}$ d'un litre de lait
- ✓ 4 œufs
- ✓ 100 grammes de sucre
- ✓ du sel

a The Chandeleur takes place in February.
b The word 'chandeleur' comes from Latin.
c Pancakes are very sweet.
d To make pancakes you need 3 litres of milk and 250 kilos of flour.
e If you want to be rich all year round, you have to toss the pancakes with 1 euro in your hand.

2 Repas de crêpes. Dans toute la France, mais surtout en Bretagne, il y a des crêperies. Ce sont des restaurants pour manger des crêpes.
All over France, especially in Brittany, there are 'creperies'. These are restaurants for eating pancakes.

Lis le menu et écris ton choix.
Read the menu and write down your choice.
Exemple: D'abord, je vais prendre une crêpe ...... pour l'entrée, comme plat principal, je vais prendre une crêpe...

L'entrée: c'est une crêpe
Le plat principal: c'est une crêpe
Le dessert: c'est une crêpe!

Menu de crêpes

Entrées
-
Crêpe au saumon
Crêpe végétarienne
(3 ou 4 légumes)
Crêpe aux œufs

Plat principal
-
Crêpe royale
(champignons, jambon, œufs)
Crêpe saucisses

Dessert
-
Crêpe au sucre
Crêpe à la confiture
(d'oranges, d'abricots, de fraises)
Crêpe à la glace
Crêpe au chocolat

cent vingt-cinq

125

Lecture 6

Encore

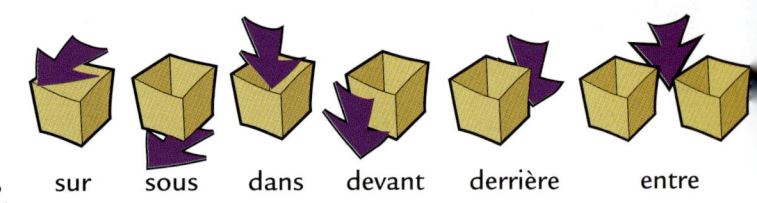

1 Ta chambre! Attention – danger!
Recopie et complète les phrases en utilisant
'sur', 'sous', 'dans', 'devant', 'derrière', 'entre'.
Copy and complete the sentences using sur, sous, dans, devant, derrière, entre.

sur   sous   dans   devant   derrière   entre

a ▢ ta chambre, ▢ ton bureau, attention à ta lampe, c'est chaud!

b ▢ ta chambre, ▢ ton lit, il y a des acariens: attention aux allergies!

c ▢ ta chambre, c'est dangereux ▢ ton armoire!

d ▢ ta chambre, attention aux yeux ▢ ton ordinateur!

e ▢ ta chambre, attention aux doigts ▢ ▢ le mur et la porte!

2 Les mots du temps. Lis les expressions et trouve la bonne réponse.
Read the weather expressions and choose the correct definition.

a un temps de chien
1 il fait chaud
2 il fait mauvais temps
3 il neige

b un froid de canard
1 il y a du vent
2 il y a du brouillard
3 il fait très froid

c après la pluie, le beau temps
1 s'il pleut, il y a du soleil après
2 s'il fait beau, il pleut après
3 s'il fait gris, il pleut après

cent vingt-six

Lecture 6

En plus

1 Lis le texte. Choisis ta star et recopie ce que tu vas faire si tu gagnes. Utilise ton dictionnaire!
Read the text. Choose your celebrity and write down what you will do if you win. Use your dictionnary.
Exemple: Je vais...

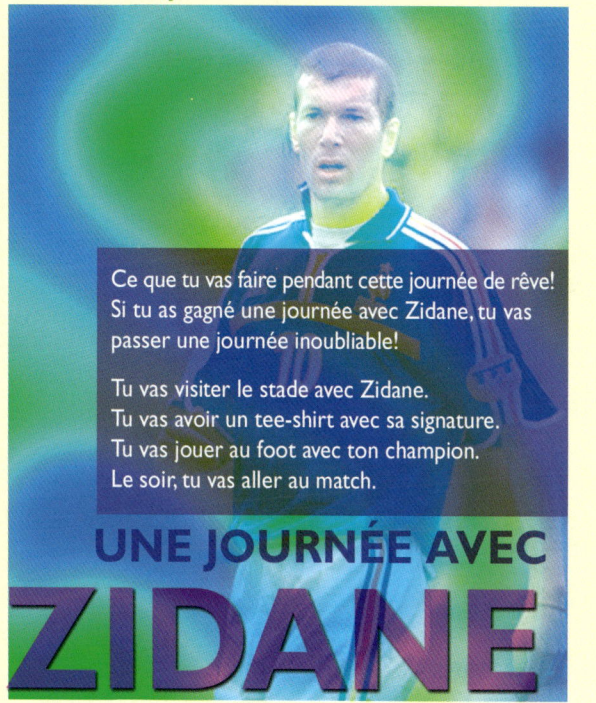

Concours Gagne une journée avec ta star préférée.

Ce que tu vas faire pendant cette journée de rêve!
Si tu as gagné une journée avec Lorie, tu vas passer une journée inoubliable!

Tu vas faire du shopping à Paris.
Tu vas gagner son micro.
Tu vas écouter ses répétitions.
Le soir, tu vas aller à son concert.

UNE JOURNÉE AVEC **LORIE**

Ce que tu vas faire pendant cette journée de rêve!
Si tu as gagné une journée avec Zidane, tu vas passer une journée inoubliable!

Tu vas visiter le stade avec Zidane.
Tu vas avoir un tee-shirt avec sa signature.
Tu vas jouer au foot avec ton champion.
Le soir, tu vas aller au match.

UNE JOURNÉE AVEC **ZIDANE**

2 Participe au concours! Regarde les lettres de l'activité 3. Toi aussi, écris ta lettre et une belle phrase sur ta star préférée.
Take part in the competition! Use the letters in activity 3 as examples. Write your own letter and a final 'winning' sentence about your chosen celebrity.

3 Lis les réponses et choisis le/la gagant(e). Écris les détails du/de la gagant(e).
Read the responses and choose the winner. Write out the details of the winner.
Exemple: Elle s'appelle Lou, elle a...

Salut! Je m'appelle Lou et j'ai 13 ans. J'habite dans la banlieue de Marseille dans le sud de la France. J'adore Lorie! Je suis allée à Paris une fois! Voici ma phrase:
Lorie, c'est mon soleil à moi!

Salut! Je m'appelle Aurélien et j'ai 12 ans. J'habite à la montagne, dans le sud-est de la France près des Alpes. Je joue beaucoup au foot le week-end et j'adore Zidane. Je suis allé à un match une fois.
Avec Zidane, il fait beau toute l'année.

cent vingt-sept

127

Grammaire

Introduction

All languages have grammatical patterns (sometimes called "rules"). Knowing the patterns of French grammar helps you understand how French works. It means you are in control of the language and can use it to say exactly what you want to say, rather than just learning set phrases.

Here is a summary of the main points of grammar covered in *Échange 1*, with some activities to check that you have understood and can use the language accurately.

1	Nouns and determiners	page 129
2	Adjectives	page 131
3	Possessive adjectives	page 131
4	Prepositions	page 132
5	Pronouns	page 133
6	Verbs	page 134
7	Negatives	page 139
8	Asking questions	page 140
	Answers to grammar activities	page 142
	Expressions utiles	page 144

Glossary of terms

noun *un nom*
a person, animal, place or thing
*Mélanie achète du **pain** au **supermarché**.*

determiner *un déterminant*
goes before a noun to introduce it
***le** chien, **un** chat, **du** jambon, **mon** frère*

singular *le singulier*
one of something
***Le** chien mange **un** biscuit.*

plural *le pluriel*
more than one of something
***Les** filles font **du** kickboxing.*

pronoun *un pronom*
a short word used instead of a noun or name
***Il** mange un biscuit.*
***Elles** font du kickboxing.*

verb *un verbe*
a 'doing' or a 'being' word
*Je **parle** anglais.*
*Il **est** blond.*
*On **va** à la piscine.*
*Nous **faisons** de la natation.*

adjective *un adjectif*
a word which describes a noun
*Ton frère est **sympa**.*
*C'est un appartement **moderne**.*

preposition *une préposition*
describes position: where something is
*Mon sac est **sur** mon lit.*
*J'habite **à** Paris.*

cent vingt-huit

128

GRAMMAIRE

1 Nouns and determiners
les noms et les déterminants

Nouns are the words we use to name people, animals, places or things. In English, they often have a small word or determiner in front of them (*a, the, some, this, my, his,* etc.).

1.1 Masculine or feminine?

All French nouns are either masculine or feminine. To tell if a noun is masculine or feminine, look at the determiner – the word in front:

	masculine words	feminine words
a or an	un	une
the	le	la

For example:
un café, *le* collège = masculine
une sœur, *la* géographie = féminine

Important!
Every time you learn a new noun, make sure you know whether it is masculine or feminine.
Don't learn *voyage* ✗
Learn *un voyage* ✓

Nouns that end in a consonant are usually masculine, e.g. *un chien*.
Nouns that end in a silent *-e* following two consonants are usually feminine, e.g. *une personne*.

A *Un* ou *une*?

orange   chien   souris
animal   ordinateur   actrice
question   personne   ballon
          chat
acteur   sœur   photo   steak

1.2 Singular or plural?

Most French nouns add *-s* to make them plural (when talking about more than one), just as in English:
le frère → *les frères*
un chat → *des chats*
mon prof → *mes profs*

In French, the *-s* at the end of the word is not usually pronounced.
Some nouns do not follow this regular pattern. For example:
- nouns ending in *-al* usually change to *-aux*:
  un animal → *des animaux*
- nouns ending in *-eau* or *-eu* add *-x*:
  un gâteau → *des gâteaux*
  un jeu → *des jeux*
- nouns already ending in *-s*, *-x* or *-z* usually stay the same:
  la souris → *les souris*
  le prix → *les prix*

B Trouve les légendes.
Find the correct caption for each picture.

a, b,  c,  d,  e,  f,  g, 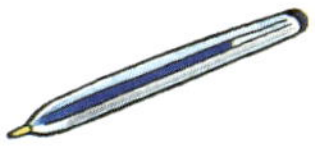 h, 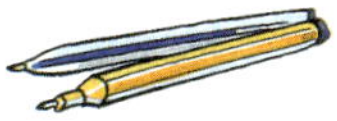 i,  j

un cheval
un œil
des yeux
des bananes
un stylo
un livre
des livres
une banane
des chevaux
des stylos

cent vingt-neuf

129

Grammaire

In front of plural nouns, the determiners (the words for *a* and *the*) change:
  un/une → des
  le/la → les
For example:
  *Vous avez **un** crayon?*
  *Vous avez **des** crayons?*
  ***La** mère est petite.*
  ***Les** filles sont petites.*

	singular	plural
to say *a* or *some*:		
masculine words	un	des
feminine words	une	des
to say *the*:		
masculine words	le	les
feminine words	la	les

C **Recopie et complète la description avec *le*, *la* ou *les*.**
Copy and complete the description with *le*, *la* or *les*.

Voici ...... famille Duclos.
...... mère a les yeux bleus et ...... cheveux bruns.
...... fils a les yeux verts et ...... cheveux noirs.
...... fille a les yeux marron et ...... cheveux longs.
...... frère a 12 ans et ...... sœur a 14 ans.

1.3 *de* + noun

	singular	plural
masculine words	du (or de l')	des
feminine words	de la (or de l')	des

Use *du*, *de la*, *de l'* or *des* when you want to say 'some' or 'any'.
For example:
  *Elle mange **du** chocolat.*
  She's eating some chocolate.
  *Je voudrais **de la** glace.*
  I'd like some ice cream.
  *Tu as **des** questions?*
  Have you got any questions?

Use noun + *de* + noun to show who (or what) things belong to:
  *le père **de** Kim.* Kim's father
  *le stylo **de** Mélanie.* Mélanie's pen

(For how to say *any* in a negative sentence, see section 7.2.)

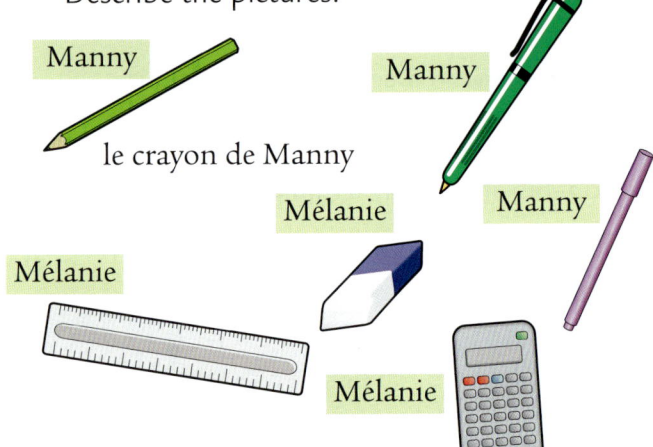

D **Décris les dessins.**
Describe the pictures.

le crayon de Manny

1 C'est la gomme de ......
2 C'est la règle de ......
3 C'est le stylo ......
4 C'est le feutre ......
5 C'est la calculatrice ......

GRAMMAIRE

2 Adjectives
les adjectifs

Adjectives are the words we use to describe nouns.

2.1 Form of adjectives

In English, whatever you are describing, the adjective stays exactly the same:
> an *interesting* film, an *interesting* man, an *interesting* girl, *interesting* people, *interesting* books.

In French, the adjective changes to match the word it is describing. Like the noun, it must be either masculine or feminine, singular or plural. To show this, there are special adjective endings:

	singular	plural
masculine words	add nothing	add -s
feminine words	add -e	add -es

For example:
> mon père est petit
> ma mère est petit**e**
> mes frères sont petit**s**
> mes cousines sont petit**es**

A **Choisis la bonne forme de l'adjectif.**
Choose the correct form of the adjective.

1 Le chien est [intelligent/intelligente].
2 Mélanie est [patient/patiente].
3 Mes copains sont [marrant/marrants].
4 C'est une personne [intéressante/intéressantes].
5 J'ai un [grand/grands] problème.
6 Ma sœur est [sérieux/sérieuse].

Some adjectives do not follow this regular pattern. For example:
- adjectives ending in *-eux* usually change to *-euse* in the feminine:
  > mon frère est sérieux   ma sœur est sérieuse
- adjectives which already end in *-e* don't need another *e* in the feminine (but they do need *-s* when they describe plural words):
  > un frère calme   une sœur calme
  > des enfants calme**s**
- a few adjectives stay the same whether they are masculine or feminine, singular or plural:
  > un cousin sympa, une cousine sympa, des cousins sympa
  > le foot est super, la France est super, les chevaux sont super

2.2 Position of adjectives

In English, adjectives always come before the noun they describe:
> an *expensive* book, a *modern* kitchen, *nice* friends.

In French, adjectives usually come after the noun:
> un livre *cher*, une cuisine *moderne*, des copains *sympa*.

B **Ça se dit comment en français?**
How would you say this in French?

1 a nice brother
2 an intelligent sister
3 a strict mother
4 Anne has some French cousins*. (*male cousins)
5 I have long hair.

Some adjectives break this rule of position. For example:
> grand/grande – un **grand** éléphant
> petit/petite – une **petite** souris
> beau/belle – un **beau** salon
> joli/jolie – une **jolie** maison

3 Possessive adjectives
les adjectifs possessifs

These are adjectives that show who or what something belongs to (*my* bag, *your* CD, *his* brother, etc.).
They come before the noun they describe, in place of *un/une/des* or *le/la/les*, for example.

cent trente et un

131

Grammaire

Like all adjectives, they have to match the noun they describe:

	singular		plural
	masculine	feminine	masculine or feminine
my	mon	ma	mes
your	ton	ta	tes
his/her	son	sa	ses

For example:

Ma sœur déteste ton frère. **My** sister hates **your** brother.
Il parle avec sa grand-mère. **He** is talking to **his** grandmother.

Notice that the words for *his* and *her* are the same (either *son*, *sa* or *ses*, depending on the word that follows). For example:

Mélanie adore son chien. Mélanie loves **her** dog.
Daniel adore son chien. Daniel loves **his** dog.

A Ça se dit comment en français?
How would you say this in French?

1 My brother is called Paul.
2 My teachers are patient.
3 Your brother has brown hair.
4 My sister is funny.
5 My rabbit is small.
6 My grandparents are nice.
7 My sister is six years old.
8 Anne lives with her father.

4 Prepositions
les prépositions

These are usually little words that tell you the position of something:

sur – on	*devant* – in front of
sous – under	*derrière* – behind
dans – in	*entre* – between

A Où sont les animaux?
Where are the pets?

Exemple: *Le chat est sur le lit.*

4.1 *à*

- **Talking about time**
  You use *à* to mean *at* when you talk about times:

  J'ai français à quatre heures.
  I have French **at** four o'clock.

- **Talking about place**
  You use *à* to say *at*, *in* or *to* a place:

  J'habite à Paris.
  I live **in** Paris.

  Je vais à la piscine.
  I am going **to the** swimming pool.

  J'habite à la campagne.
  I live **in the** country.

GRAMMAIRE

Important! With masculine or plural places, the *à* combines with the *le* or *les* in front of the noun to form a completely new word:

$$à + le > au$$
$$à + les > aux$$

For example:
*Il est **au** cinéma.*
He's **at** the cinema.

*Je vais **aux** États-Unis.*
I'm going **to** the United States.

	singular		plural
	masculine	feminine	masculine or feminine
	au	à la	aux

Exception: *Je vais **en** ville.*

B Qui va où? Explique.

Write sentences to explain where everyone is going.

Exemple: *Manny va au match de basket.*

Manny — le collège
Kim — la piscine
Marc — le match de basket
Mélanie — la bibliothèque
Monsieur Lenoir — le centre sportif
Madame Dupont — le café

5 Pronouns
les pronoms

A pronoun is a small word that is used instead of a noun or name. It helps to avoid repetition. For example:
   My cat is called Tigger. *He* sleeps in a box.

5.1 Subject pronouns

The subject of a verb tells you who or what is doing the action of the verb. It is usually a noun, but sometimes it is a pronoun. In English, we use the following subject pronouns:

I   you   he   she   it   we   they

*I'm learning French. Are *you*?*
*Annie is learning Italian. *She* loves it.*

The French subject pronouns are:

I = { *je*
      j' in front of a vowel or an *h*:
            j'aime/j'habite

you = { *tu*   when talking to a child, a friend or a relative
        vous when talking to an adult you are not related to, or more than one person

he = *il* for a boy or man

she = *elle* for a girl or woman

it = { *il*   if the thing it refers to is masculine
       elle if the thing it refers to is feminine

we = { *nous*
       on is used more than *nous* in conversation.

Use *on* when speaking or writing to friends.
Use *nous* when writing more "official" texts.

they = { *ils* for a masculine plural
                for a mixed group (masculine + feminine)
         elles for a feminine plural
         on   when it means people in general

• **On**
On can mean *you*, *we*, *they* or *one*. It is always followed by the same form of the verb (the form that follows *il* or *elle*):

*Chez moi, **on** parle arabe.*
At home we speak Arabic.

*Au Québec, **on** parle français.*
In Quebec, they speak French.

cent trente-trois 133

Grammaire

5.2 Toi/Moi

If you want to stress who is doing the action, put the pronouns *moi/toi* in front of the subject pronouns:

Tu vas où? **Moi**, *je vais au club.*
Where are you going? I'm going to the club.

*Et **toi**?* is useful to ask questions simply. Use *moi/toi* after *chez* and *avec*:
*Tu arrives chez **toi** à quelle heure?*
What time are you getting home?
*Tu vas à la pêche avec **moi**?*
Are you going fishing with me?

A   Retrouve les pronoms.
Find the pronouns in the word snake.
Exemple: nous…

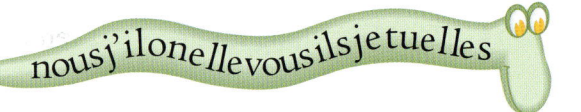

nousj'ilonellevousilsjetuelles

B   Recopie et complète avec le bon pronom.
Copy and complete with the correct pronouns.

…… aimes le foot? …… vais au match.
…… commence à 14h. Mélanie ne va pas –
…… n'aime pas le foot.

6 Verbs
les verbes

Verbs are words that describe what is happening. If you can put *to* in front of a word or *-ing* at the end, it is probably a verb:

listen – to listen ✓ = a verb
try – to try ✓ = verb
desk – to desk ✗ = not a verb
happy – to happy ✗ = not a verb

A   Spot the verbs in these sentences:
1 I eat my breakfast at 7 o'clock.
2 I play the guitar each day.
3 I send messages to my friends.
4 I go to school by bike.

6 1 The infinitive

Verbs take on many different forms:
I *go* swimming every week. Alan *does* too, but you *don't*.
If you want to look up a verb in a dictionary, you won't find all the forms listed. For example, you won't find *does* or *don't*. You have to look up the infinitive, *to **do***.

Infinitives in French are easy to recognize as they normally end with either *-er*, *-re* or *-ir*. For example: *regarder, prendre, finir*.

B   Trouve les infinitifs dans cette liste.
Find the infinitives in this list.

vais
prenons
jouer
aller
sort
faire
suis
être
aimer
aimez
prendre
faites
sortir

6.2 The present tense

The tense indicates when an action takes place. A verb in the present tense describes an action that is taking place now or takes place regularly.

GRAMMAIRE

There are two present tenses in English:
   I *am eating* an apple (now).
   I *eat* an apple (every day).
There is only one present tense in French:
   Je mange une pomme (maintenant).
   Je mange une pomme (tous les jours).

6.3 Present tense verb endings

To describe an action, you need a subject (the person or thing doing the action) and a verb.

C Who or what is the subject of each verb? The verbs are underlined.

   You eat cornflakes every day.
   My dog eats lots of sweets.
   My mum and I are going to the shops together.
   He speaks French fluently.
   The clock is striking nine.

Notice in the sentences above that the ending of the verb changes according to who the subject is:

   You eat/She eats

Verb endings change in French too, for the same reason.

D Remets les phrases dans l'ordre.
   Rewrite these sentences in the correct order.

   1 technologie? Tu la aimes
   2 aime J' grands-parents. mes
   3 ma Philippe sœur. aime
   4 les Nous animaux. aimons
   5 français? le aimez Vous
   6 aiment Sophie et Claire petit chien. le

E Trouve cinq formes du verbe *aimer*.
   Find five forms of the verb *aimer* in activity D.
   Exemple: aime

6.4 Regular verbs in the present tense

Most French verbs follow the same pattern. They have regular endings.
Typical endings for verbs that end in *-er*, like *aimer*, in the present tense are:

j'	aim**e**	nous	aim**ons**
tu	aim**es**	vous	aim**ez**
il/elle/on	aim**e**	ils/elles	aim**ent**

Some other verbs that follow the same pattern are:

   adorer to love/really like
   arriver to arrive
   danser to dance
   détester to hate
   discuter to discuss/talk
   écouter to listen
   fermer to close
   habiter to live
   jouer to play
   parler to speak
   préférer to prefer
   ranger to tidy
   regarder to watch
   répéter to repeat
   retrouver to meet up with
   surfer to surf

Typical endings for verbs that end in *-ir*, like *choisir* (to choose), in the present tense are:

je	chois**is**	nous	chois**issons**
tu	chois**is**	vous	chois**issez**
il/elle/on	chois**it**	ils/elles	chois**issent**

cent trente-cinq

135

Grammaire

Typical endings for verbs that end in -re, like *vendre* (to sell), in the present tense are:

je	vend**s**	nous	vend**ons**
tu	vend**s**	vous	vend**ez**
il/elle/on	vend	ils/elles	vend**ent**

Some other verbs that follow the same pattern are:
attendre to wait
répondre to answer

F Recopie et complète les verbes.
Copy and complete the verbs.

1. Qu'est-ce que tu aim... au collège?
2. Je parl... avec mon partenaire.
3. Léa habit... avec Luc?
4. Ils habit... dans un appartement.
5. Vous rang... vos affaires.
6. Nous écout... un CD.
7. On répèt... les phrases.
8. Tu répond... aux questions?
9. Nous attend... le bus.
10. Il rempli... la fiche.
11. Les cours fini... à quatre heures.

6.5 Irregular verbs in the present tense

Some verbs do not follow this regular pattern. They are irregular verbs. Try to learn them by heart.

Common irregular verbs:

Infinitive	Present	English
avoir (to have)	j'ai	I have
	tu as	you have, (to a friend, child or relative)
	il/elle a	he/she/it has
	on a	we/they have
	nous avons	we have
	vous avez	you have (to an adult or group of people)
	ils/elles ont	they have

Infinitive	Present	English
aller (to go)	je vais	I go
	tu vas	you go, (to a friend, child or relative)
	il/elle va	he/she/it goes
	on va	we/they go
	nous allons	we go
	vous allez	you go (to an adult or group of people)
	ils/elles vont	they go

Infinitive	Present	English
faire (to do/make)	je fais	I make/do
	tu fais	you make/do (to a friend, child or relative)
	il/elle fait	he/she/it makes/does
	on fait	we/they make/do
	nous faisons	we make/do
	vous faites	you make/do (to an adult or group of people)
	ils/elles font	they make/do

Infinitive	Present	English
boire (to drink)	je bois	I drink
	tu bois	you drink (to a friend, child or relative)
	il/elle boit	he/she/it drinks
	on boit	we/they drink
	nous buvons	we drink
	vous buvez	you drink (to an adult or group of people)
	ils/elles boivent	they drink

Infinitive	Present	English
être (to be)	je suis	I am
	tu es	you are, (to a friend, child or relative)
	il/elle est	he/she/it is
	on est	we/they are
	nous sommes	we are
	vous êtes	you are (to an adult or group of people)
	ils/elles sont	they are

GRAMMAIRE

Infinitive	Present	English
manger (to eat)	je mange	I eat
	tu manges	you eat (to a friend, child or relative)
	il/elle mange	he/she/it eats
	on mange	we/they eat
	nous mangeons	we eat
	vous mangez	you eat (to an adult or group of people)
	ils/elles mangent	they eat

Infinitive	Present	English
prendre (to take)	je prends	I take
	tu prends	you take (to a friend, child or relative)
	il/elle prend	he/she/it takes
	on prend	we/they take
	nous prenons	we take
	vous prenez	you take (to an adult or group of people)
	ils/elles prennent	they take

Infinitive	Present	English
vouloir (to want)	je veux	I want
	tu veux	you want (to a friend, child or relative)
	il/elle veut	he/she/it wants
	on veut	we/they want
	nous voulons	we want
	vous voulez	you want (to an adult or group of people)
	ils/elles veulent	they want

G **Retrouve la bonne forme du verbe.**
Write the correct form of the verb.

1 Tu [aller] …… où ce week-end?
2 Je [aller] …… chez ma grand-mère avec mes parents.
3 Vous [aller] …… chez elle samedi ou dimanche?
4 On [aller] …… en ville dimanche.
5 Vous [faire] …… un gâteau quand?
6 Nous [faire] …… un gâteau pour mon anniversaire.
7 Mes copines [faire] …… des sandwichs.
8 Je [faire] …… mes devoirs ce soir.
9 Et toi, tu [faire] …… tes devoirs ce soir?
10 Non, je [faire] …… du baby-sitting.
11 Mes parents [aller] …… au cinéma.

H *Avoir* ou *être*? **Recopie et complète.**
Copy and complete with the correct form of *avoir* or *être*.

1 Tu …… un stylo?
2 Oui, et j' …… aussi des feutres.
3 Vous …… quel âge?
4 Moi, j' …… 14 ans.
5 Ma correspondante …… sérieuse et intelligente. Elle …… les cheveux longs et raides.
6 Monsieur Dupont, vous …… mon cahier de maths?
7 Nous …… intelligents!
8 Les enfants …… deux chiens et une tortue.
9 Il …… sept ans.

6.6 The perfect tense

A verb in the perfect tense (*passé composé*) describes an action that happened in the past. There are several ways to translate the *passé composé* in English:

J'ai regardé la télé.
I watched TV *or* **I have watched** TV.

For the *passé composé*, you need two parts: the present tense of *avoir* or *être* + the past participle of the main verb. See 6.7, 6.8 and 6.9.

cent trente-sept

137

Grammaire

6.7 The past participle

To form the past participle, take the infinitive of the verb and change the ending. If the infinitive ends in *-er*, the past participle ends in *-é*:

manger > **mangé**
parler > **parlé**

Here are the past participles of other verbs you've met:

faire > **fait**
avoir > **eu**
être > **été**
boire > **bu**

I Écris au passé composé.

Complete these sentences in the past tense.

1 Il a ...... du judo. (faire)
2 Nous avons ...... sur Internet. (surfer)
3 Tu as ...... de la musique? (écouter)
4 Sophie a ...... des amis au centre sportif. (retrouver)
5 J'ai ...... du coca. (boire)

6.8 *Avoir* + past participle

Most verbs take *avoir*:

Présent	Passé composé		
		avoir	+ past participle
je regarde	j'	ai	regardé
tu regardes	tu	as	regardé
il regarde	il	a	regardé
elle regarde	elle	a	regardé
on regarde	on	a	regardé
nous regardons	nous	avons	regardé
vous regardez	vous	avez	regardé
ils regardent	ils	ont	regardé
elles regardent	elles	ont	regardé

J Quelles phrases sont au passé?

Which sentences are in the perfect tense?

1 J'ai fini!
2 Je mange du pain.
3 Je fais du sport.
4 Il a fait du judo.
5 Ils ont bu du coca.

6.9 *Être* + past participle

Some verbs in the *passé composé* take *être* instead of *avoir*. They are mostly verbs that indicate movement. You will meet more verbs in this group in *Échange 2*, but so far you have only met *aller*.

The ending of the past participle changes when it comes after *être* in the *passé composé*. It agrees with the subject of the verb (masculine/feminine).

*Je suis all**é** au cinéma.*
*(Il est all**é** au cinéma.)*

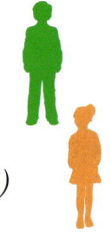

*Je suis all**ée** au cinéma.*
*(Elle est all**ée** au cinéma.)*

6.10 Talking about the future

One way of talking about the future is to use *aller* + infinitive.
You use the present tense of the verb *aller* (see page 136) followed by an infinitive:

Je vais manger un croissant.
I am going to eat a croissant.

Nous allons regarder la télé.
We are going to watch TV.

GRAMMAIRE

K Recopie et complète les phrases et traduis en anglais.

Complete the sentences with the correct form of *aller* and translate them into English.

1. Je ...... surfer sur Internet.
2. Nous ...... manger de la pizza.
3. Il ...... faire les magasins.
4. Chantal ...... regarder la télé.
5. Vous ...... prendre le déjeuner?
6. Les enfants ...... jouer avec l'ordinateur.

6.11 Verb + infinitive

Sometimes there are two verbs next to each other in a sentence:

I *like going* to the cinema.

In French, the form of the first verb depends on the subject, and the second verb is the infinitive:

J'aime aller au cinéma.
I like going to the cinema.
Tu aimes aller au cinéma, toi?
Do you like going to the cinema?

L Fais des phrases.

Write sentences about what you like doing using the pictures.

Exemple: **a** J'aime surfer sur Internet.

7 Negatives
la négation

In English, the negative form uses the word *not* or '*n't*', as in *doesn't, haven't, hasn't*.
In French, use *ne... pas* around the verb (*ne = n'* in front of a vowel or an *h*):

Je suis anglais.
I'm English.

*Je **ne** suis **pas** français.*
I'm not French.

J'ai 13 ans.
I'm 13.

*Je **n'**ai **pas** 12 ans.*
I'm not 12.

Je vais à la plage.
I'm going to the beach.

*Je **ne** vais **pas** à la piscine.*
I'm not going to the pool.

7.1 *ne... pas + de*

If a phrase with *du, de la, de l'* or *des* is used in the negative (with *ne... pas*), use *de* or *d'* instead.

*Je fais **du** judo.*
I do judo.

*Je **ne** fais **pas de** judo.*
I don't do judo.

*Je fais **de la** voile.*
I go sailing.

*Je **ne** fais **pas de** voile.*
I don't go sailing.

7.2 *ne... pas + nouns*

Use *ne... pas de* (or *ne... pas d'* in front of a vowel or an *h*) to say there isn't or you don't have something. The *de/d'* replaces *un/une* and *des*:

– Il y a un citron? une pomme? des tomates?
– Il **n'**y a **pas de** citron / **pas de** pomme / **pas de** tomates.

– Tu manges de la pizza? du poisson? des carottes?
– Je **ne** mange **pas de** pizza / **pas de** poisson / **pas de** carottes.

cent trente-neuf

139

Grammaire

– Tu as un animal? un ordinateur? des e-mails?
– Je n'ai **pas d'**animal / **pas d'**ordinateur / **pas d'**e-mails.

A **Complète les bulles de Madame Contraire, comme dans les exemples.**
Complete the speech bubbles for Madame Contraire as shown in the examples.

J'aime les maths.
J'ai des animaux.
Je regarde le foot à la télé.
Je mange des bonbons.
Je vais au cinéma.
J'écoute de la musique rock.
Moi, je n'aime pas les maths.
Moi, je n'ai pas d'animaux.

8 Asking questions

- You can ask questions by making your voice go up at the end:

    Tu aimes le chocolat. Tu aimes le chocolat?
    You like chocolate. Do you like chocolate?

    Elle fait un sandwich. Elle fait un sandwich?
    She is making a sandwich. Is she making a sandwich?

- By using question words:

    – *comment*
    Tu t'appelles comment? What's your name?
    Tu es comment? What do you look like?
    Ça se dit comment "book" en français? How do you say "book" in French?

– *où*
Tu habites où? Where do you live?
Tu vas où? Where are you going?
C'est où? Where is it?

– *quand*
C'est quand, ton anniversaire?
When is your birthday?
Tu vas quand au cinéma?
When are you going to the cinema?

– *qu'est-ce que*
Qu'est-ce que c'est? What is it?
Qu'est-ce que tu as dans ton sac?
What do you have in your bag?
Qu'est-ce que tu fais comme sport?
What sports do you play?
Qu'est-ce que tu veux? What do you want?

– *qui*
C'est qui? Who is it?

– *quel/quelle*
Il fait quel temps? What's the weather like?
Il est quelle heure? What time is it?
Quel est ton sport préféré?
What's your favourite sport?
Tu as quel âge? How old are you?

– *combien*
Ça fait combien? How much is it?
Il y a combien de personnes?
How many people are there?

A **Relie les réponses aux questions.**
Match the answers to the questions.

1 Qu'est-ce que c'est?
2 Tu as quel âge?
3 C'est qui?
4 Il est quelle heure?
5 Tu a les cheveux comment?
6 Tu vas où le week-end?
7 Qu'est-ce que tu as fait le week-end dernier?

GRAMMAIRE

   a C'est mon oncle.
   b J'ai les cheveux longs.
   c Il est cinq heures et demie.
   d C'est mon cahier de maths.
   e Je vais au centre sportif.
   f J'ai fait du skate.
   g J'ai treize ans.

B **Quelle est la question?**
What is the question for each of these answers?
Exemple: J'ai un chien. > Tu as un animal?

1 Oui, ça va bien merci.
2 J'ai deux sœurs.
3 Je m'appelle Matthieu.
4 J'ai 13 ans.
5 Mon anniversaire, c'est le vingt-huit septembre.
6 Oui, j'aime les maths. C'est amusant.

cent quarante et un

141

Grammaire

Answers to grammar activities

1 Nouns and determiners

A

un	une
animal	personne
ordinateur	actrice
chat	question
chien	souris
ballon	sœur
steak	orange
acteur	photo

B
a une banane f des livres
b un œil g un stylo
c des bananes h des stylos
d un livre i des yeux
e un cheval j des chevaux

C

Voici **la** famille Duclos. **La** mère a les yeux bleus et **les** cheveux bruns. **Le** fils a les yeux verts et **les** cheveux noirs. **La** fille a les yeux marron et **les** cheveux longs. **Le** frère a 12 ans et **la** sœur a 14 ans.

D
1 C'est la gomme de Mélanie.
2 C'est la règle de Mélanie.
3 C'est le stylo de Manny.
4 C'est le feutre de Manny.
5 C'est la calculatrice de Mélanie.

2 Adjectives

A
1 intelligent 2 patiente 3 marrants
4 intéressante 5 grand 6 sérieuse

B
1 un frère sympa
2 une sœur intelligente
3 une mère stricte
4 Anne a des cousins français.
5 J'ai les cheveux longs.

3 Possessive adjectives

A
1 Mon frère s'appelle Paul.
2 Mes profs sont patients.
3 Ton frère a les cheveux bruns.
4 Ma sœur est marrante.
5 Mon lapin est petit.
6 Mes grands-parents sont sympa.
7 Ma sœur a six ans.
8 Anne habite chez (*or* avec) son père.

4 Prepositions

A
Le chat est sur le lit, devant le poster.
La souris est dans le sac.
Le serpent est sous le lit.
La perruche est sur la chaise.
La tortue est sur la table.

B
Manny va au match de basket.
Kim va au collège.
Marc va au café.
Mélanie va à la piscine.
Monsieur Lenoir va à la bibliothèque.
Madame Dupont va au centre sportif.

5 Pronouns

A nous, j', il, on, elle, vous, ils, je, tu, elles

B **Tu** aimes le foot? **Je** vais au match. **Il** commence à 14h. Mélanie ne va pas – **elle** n'aime pas le foot.

6 Verbs

A eat, play, send, go

B jouer; aller; faire; être; aimer; prendre, sortir

C you; my dog; my mum and I; he; the clock

D
1 Tu aimes la technologie?
2 J'aime mes grands-parents.

cent quarante-deux

142

GRAMMAIRE

3 Philippe aime ma sœur.
4 Nous aimons les animaux.
5 Vous aimez le français?
6 Sophie et Claire aiment le petit chien.

E aime, aimes, aimons, aimez, aiment

F 1 aim**es**, 2 parl**e**, 3 habit**e**, 4 habit**ent**, 5 rang**ez**, 6 écout**ons**, 7 répèt**e**, 8 répond**s**, 9 attend**ons**, 10 rempli**t**, 11 finiss**ent**

G 1 Tu **vas** où ce week-end?
2 Je **vais** chez ma grand-mère avec mes parents.
3 Vous **allez** chez elle samedi ou dimanche?
4 On **va** en ville dimanche.
5 Vous **faites** un gâteau quand?
6 Nous **faisons** un gâteau pour mon anniversaire.
7 Mes copines **font** des sandwichs.
8 Je **fais** mes devoirs ce soir.
9 Et toi, tu **fais** tes devoirs ce soir?
10 Non, je **fais** du baby-sitting.
11 Mes parents **vont** au cinéma.

H 1 Tu **as** un stylo?
2 Oui, et j'**ai** aussi des feutres.
3 Vous **avez** quel âge?
4 Moi, j'**ai** 14 ans.
5 Ma correspondante **est** sérieuse et intelligente. Elle **a** les cheveux longs.
6 Monsieur Dupont, vous **avez** mon cahier de maths?
7 Nous **sommes** intelligents!
8 Les enfants **ont** deux chiens et une tortue.
9 Il **a** sept ans.

I 1 Il a **fait** du judo.
2 Nous avons **surfé** sur Internet.
3 Tu as **écouté** de la musique?
4 Sophie a **retrouvé** des amis au centre sportif.
5 J'ai **bu** du coca.

J 1, 4 and 5

K 1 Je **vais** surfer sur Internet. *I'm going to surf the net.*
2 Nous **allons** manger de la pizza. *We're going to eat some pizza.*
3 Il **va** faire les magasins. *He's going to do some shopping.*
4 Chantal **va** regarder la télé. *Chantal is going to watch TV.*
5 Vous **allez** prendre le déjeuner? *Are you going to have dinner?*
6 Les enfants **vont** jouer avec l'ordinateur. *The children are going to play on the computer.*

L a J'aime surfer sur Internet; b J'aime aller au cinéma; c J'aime écouter de la musique; d J'aime jouer avec l'ordinateur; e J'aime faire du/jouer au foot; f J'aime jouer au basket; g J'aime faire de la natation; h J'aime regarder la télévision.

7 Negatives

A Moi, je ne regarde pas le foot à la télé.
Moi, je ne mange pas de bonbons.
Moi, je n'écoute pas de musique rock.
Moi, je ne vais pas au cinéma.

8 Asking questions

A 1 – d, 2 – g, 3 – a, 4 – c, 5 – b, 6 – e, 7 – f

B 1 Ça va?
2 Tu as des frères et sœurs?
3 Tu t'appelles comment?
4 Tu as quel âge?
5 C'est quand, ton anniversaire?
6 Tu aimes les maths?

Grammaire

Expressions utiles

Greetings

Hello	Bonjour
	Salut (*to a friend*)
Hello (after about 6pm)	Bonsoir
Good night (when going to bed)	Bonne nuit
Goodbye	Au revoir
	Salut (*to a friend*)

The French tend to use *monsieur/madame* in greetings:

> Bonjour, monsieur. (e.g. to a shopkeeper)
> Bonjour, madame.

Days — les jours de la semaine

Monday	lundi
Tuesday	mardi
Wednesday	mercredi
Thursday	jeudi
Friday	vendredi
Saturday	samedi
Sunday	dimanche

Months — les mois

January	janvier
February	février
March	mars
April	avril
May	mai
June	juin
July	juillet
August	août
September	septembre
October	octobre
November	novembre
December	décembre

Quantities — les quantités

See grammar section 1.3 for how to say *some* and *any*.

noun + de/d'

a bottle of (lemonade)	une bouteille de (limonade)
a litre of (mineral water)	un litre d'(eau minérale)
a glass of (milk)	un verre de (lait)
a packet of (sugar)	un paquet de (sucre)
a tin of (tuna)	une boîte de (thon)
a kilo of (potatoes)	un kilo de (pommes de terre)
100g of (cheese)	100 grammes de (fromage)
a slice of (ham)	une tranche de (jambon)
a portion of (chips)	une portion de (chips)

Countries — les pays

Australia	l'Australie
Belgium	la Belgique
Canada	le Canada
England	l'Angleterre
France	la France
Germany	l'Allemagne
Great Britain	la Grande-Bretagne
Ireland	l'Irlande
Northern Ireland	l'Irlande du Nord
Italy	l'Italie
Luxembourg	le Luxembourg
New Caledonia	la Nouvelle-Calédonie
Scotland	l'Écosse
Spain	l'Espagne
Switzerland	la Suisse
the United States	les États-Unis
Wales	le pays de Galles
the West Indies	les Antilles

Connectives

Connectives are words or phrases that link phrases and sentences together.

also	aussi
and	et
but	mais
or	ou
because	parce que

GRAMMAIRE

The time   l'heure

What time is it?   Il est quelle heure?
It is one o'clock.   Il est une heure.
What time is it at?   C'est à quelle heure?
It is at one o'clock.   C'est à une heure.

Il est ...

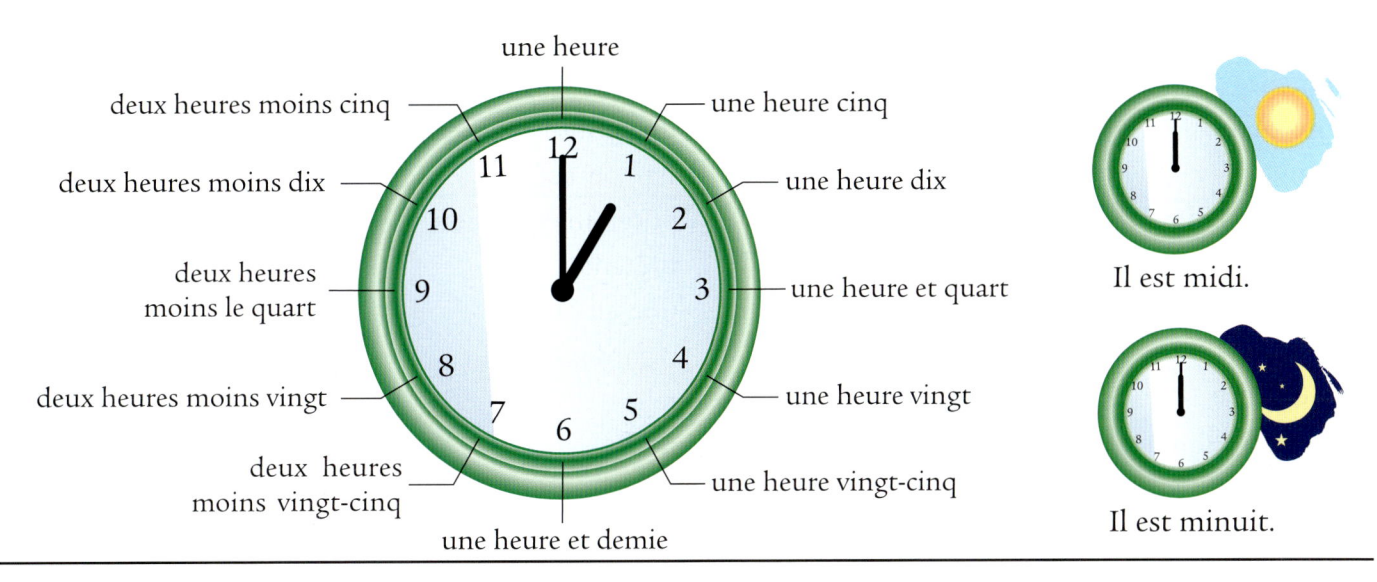

- une heure
- une heure cinq
- une heure dix
- une heure et quart
- une heure vingt
- une heure vingt-cinq
- une heure et demie
- deux heures moins vingt-cinq
- deux heures moins vingt
- deux heures moins le quart
- deux heures moins dix
- deux heures moins cinq

Il est midi.

Il est minuit.

Numbers

0	zero	17	dix-sept	70	soixante-dix
1	un	18	dix-huit	71	soixante et onze
2	deux	19	dix-neuf	72	soixante-douze
3	trois	20	vingt	73	soixante-treize
4	quatre	21	vingt et un	74	soixante-quatorze
5	cinq	22	vingt-deux	75	soixante-quinze
6	six	23	vingt-trois	76	soixante-seize
7	sept	24	vingt-quatre	77	soixante-dix-sept
8	huit	25	vingt-cinq	78	soixante-dix-huit
9	neuf	26	vingt-six	79	soixante-dix-neuf
10	dix	27	vingt-sept	80	quatre-vingts
11	onze	28	vingt-huit	81	quatre-vingt-un
12	douze	29	vingt-neuf	82	quatre-vingt-deux, ...
13	treize	30	trente	90	quatre-vingt-dix
14	quatorze	40	quarante	91	quatre-vingt-onze, ...
15	quinze	50	cinquante	100	cent
16	seize	60	soixante		

cent quarante-cinq

145

Grammaire

Liste d'instructions

à deux	in twos	mets	put
une activité	an activity	un mot	a word
un blanc	a blank	note	note (down)
le bon ordre	the correct order	une opinion	an opinion
change	change	une paire	a pair
choisis	choose	parle	talk
commence	start	un/une partenaire	a partner
complète	complete	une photo	a photo
continue	continue	une phrase	a sentence
une conversation	a conversation	pose (une question)	ask (a question)
copie	copy	présente	present, introduce
corrige	correct	une question	a question
décide	decide	regarde	look at
décris	describe	relie	link up
une description	a description	relis	re-read
dessine	draw	remplis	fill in
une image	picture	répète	repeat
imagine	imagine	réponds	respond, answer
indique	point (at)	une réponse	a response, an answer
interroge (un/une partenaire)	ask (a partner)	un sondage	a survey
une interview	an interview	trouve	find
invente	invent	utilise	use
jeu de rôle	role play	vérifie	check
lis	read	vrai ou faux?	true or false?
lis à haute voix	read aloud		

cent quarante-six

146

Vocabulaire

français–anglais

FRANÇAIS–ANGLAIS

adj adjective
nm masculine noun
nf feminine noun
pl plural
v verb

A

il/elle/on **a** he/she/one has
à at, in, to
d' **abord** first
un **accent** *nm* an accent
d' **accord** OK
acheter *v* to buy
un **acteur** *nm* an actor (male)
une **activité** *nf* an activity
une **actrice** *nf* an actress
additionner *v* to add up
un **adjectif** *nm* an adjective
un **adolescent** *nm* a teenager
adorer *v* to love
une **adresse** *nf* an address
s' **adresser** *v* to address
un **adulte** *nm* an adult
un **aéroport** *nm* an airport
des **affaires** *nf* things, belongings
une **affiche** *nf* a poster
afficher *v* to stick up
l' **Afrique** *nf* Africa
l' **âge** *nm* age
un **agent de police** *nm* a police officer
agréable *adj* pleasant
j' **ai** I have
aider *v* to help
aimer *v* to like, to love
ajouter *v* to add
un **aliment** *nm* a foodstuff
l' **Allemagne** *nf* Germany
allemand/allemande *adj* German
aller *v* to go
vous **allez** you go
allô hello (over the phone)
nous **allons** we go
alors so, then
américain/américaine *adj* american
un **ami** *nm* a friend (male)
une **amie** *nf* a friend (female)

l' **amitié** *nf* friendship
amitiés best wishes (in a letter)
amusant/amusante *adj* funny, amusing
un **an** *nm* a year
ancien/ancienne *adj* old
anglais/anglaise *adj* English
l' **Angleterre** *nf* England
une **année** *nf* a year
un **anniversaire** *nm* a birthday
une **annonce** *nf* an advert
les **Antilles** *nf* the West Indies
août *nm* August
l' **apparence** *nf* appearance
un **appartement** *nm* a flat
s' **appeler** *v* to be called
je m' **appelle**... my name is...
tu t' **appelles**... your name is...
apprendre *v* to learn
approprié/appropriée *adj* appropriate
après after
l' **après-midi** *nm* the afternoon
l' **arabe** *nm* arabic
un **arbre** *nm* a tree
l' **argent** *nm* money
une **armoire** *nf* a wardrobe
arrêter *v* to stop
arriver *v* to arrive
un **art martial** *nm* a martial art
tu **as** you have
assez rather, enough
l' **athlétisme** *nm* athletics
attendre *v* to wait
aucun/aucune *adj* no, none
aujourd'hui today
aussi too
l' **Australie** *nf* Australia
l' **automne** *nm* autumn
un **automobiliste** *nm* a driver
l' **autre** *nm* other
d' **avance** in advance
avancer *v* to go forward
avant before
avec with
vous **avez** you have
un **avis** *nm* an opinion
avoir *v* to have
nous **avons** we have
avril April

B

une **baguette** *nf* a French loaf
un **bain** *nm* a bath
baisser *v* to lower
un **ballon** *nm* a ball
un **ballon de foot** *nm* a football
une **banane** *nf* banana
la **banlieue** *nf* the suburbs
en **banlieue parisienne** in the Paris suburbs
barbant/barbante *adj* boring
un **barbecue** *nm* a barbecue
un **bateau** *nm* a boat
une **BD** *nf* a comic strip
beau/belle *adj* beautiful
un **beau-père** *nm* a step-father
beaucoup a lot
un **bébé** *nm* a baby
belge *adj* Belgian
la **Belgique** *nf* Belgium
belle *adj* beautiful
une **belle-mère** *nf* a step-mother
bête *adj* silly
le **beurre** *nm* butter
une **bibliothèque** *nf* a library
bien well, good
bientôt soon
bienvenue welcome
un **billet** *nm* a ticket
la **biographie** *nf* biography
la **biologie** *nf* Biology
un **biscuit** *nm* a biscuit
blanc/blanche *adj* white
un **blanc** *nm* a gap
bleu/bleue *adj* blue
blond/blonde *adj* blond
une **blouse** *nf* a blouse
du **bœuf** *nm* beef
bof! so so, dunno!
boire *v* to drink
une **boisson** *nf* a drink
une **boîte** *nf* a box, a tin
un **bol** *nm* a bowl
bon/bonne *adj* good
bon anniversaire! happy birthday!
bon appétit enjoy your meal
un **bonbon** *nm* a sweet
bonjour hello

cent quarante-sept

147

Vocabulaire

le **bord de la mer** *nm* the seaside
une **boum** *nf* a party
un **bout** *nm* a bit, an end
une **bouteille** *nf* a bottle
bravo! well done!
briller *v* to shine
une **brique** *nf* a brick
brosser *v* to brush
le **brouillard** *nm* fog
le **bruit** *nm* noise
brun/brune *adj* dark-haired
une **bulle** *nf* a bubble
un **bureau** *nm* a desk, an office
le **but** *nm* the goal, the aim

C

c', ce it, that
ça it, that
Ça va? How are you?
Ça va. I'm fine.
cacher *v* to hide
un **cadeau** *nm* a present
un **café** *nm* a coffee, a café
un **cahier** *nm* an exercise book
une **caisse** *nf* a cashdesk, a till
une **caissière** *nf* a cashier
un **calcul** *nm* a sum
une **calculatrice** *nf* a calculator
calme *adj* calm
un/e **camarade** *nm/nf* a school friend
la **campagne** *nf* the countryside
le **Canada** *nm* Canada
canadien/canadienne *adj* Canadian
la **cantine** *nf* the canteen
la **capitale** *nf* the capital
un **car** *nm* a coach
le **caractère** *nm* character
un **carnaval** *nm* a carnival
une **carotte** *nf* a carrot
un **cartable** *nm* a satchel
une **carte** *nf* a map, a card
une **carte d'identité** *nf* an identity card
casse-pieds *nm* a nuisance
une **cassette** *nf* a cassette
un **casse-tête** *nm* a brain-teaser
une **cave** a cellar
un **CD** *nm* a CD

ce, cet, cette this
célèbre *adj* famous
cent one hundred
un **centime** *nm* a centime (unit of currency)
le **centre** *nm* the centre
un **centre commercial** *nm* an indoor shopping centre
le **centre sportif** *nm* the sports' centre
le **centre-ville** *nm* the town centre
les **céréales** *nf* cereal
certainement certainly
ces these
c'est it's
C'est tout? Is that all?
cet this
c'était it was
cette this
chacun each
une **chaîne hi-fi** *nm* a hi-fi
une **chaise** *nf* a chair
une **chambre** *nf* a bedroom
un **champ** *nm* a field
la **Chandeleur** *nf* Candlemas (festival)
une **chanson** *nf* a song
chanter *v* to sing
une **chanteuse** *nf* a female singer
chaque each
charmant/charmante *adj* charming
un **chat** *nm* a cat
un **château** *nm* a castle
chaud/chaude *adj* hot
chauffé/chauffée *adj* heated
un **chemin** *nm* a path, a way
une **chemise** *nf* a shirt
cher/chère *adj* expensive, dear
chercher *v* to look for
chéri/e *adj* darling
un **cheval** *nm* a horse
les **cheveux** *nm* hair
chez (Mélanie) at (Mélanie's)
un **chien** *nm* a dog
un **chiffre** *nm* a number
la **Chine** *nf* China
chinois/chinoise *adj* Chinese
les **chips** *nm* crisps

le **chocolat** *nm* chocolate
choisir *v* to choose
une **chose** *nf* a thing
un **chou** *nm* a cabbage
chouette! great!
un **chou-fleur** *nm* a cauliflower
le **ciel** *nm* the sky
le **cinéma** *nm* the cinema
cinq five
cinquante fifty
les **ciseaux** *nm* scissors
un **citron** *nm* a lemon
une **classe** *nf* a form, a class
le **climat** *nm* climate
le **club des jeunes** *nm* youth club
un **coca** *nm* a coca cola
cocher *v* to tick
un **cochon d'Inde** *nm* a guinea pig
un **cœur** *nf* a heart
un **coin** *nm* a corner
le **collège** *nm* high school
combien how much, how many
un **comédien** *nm* an actor (male)
une **comédienne** *nf* an actor (female)
une **commande** *nf* an order
comme as, like
comme d'habitude as usual
commencer *v* to start
comment how
une **commode** *nf* a chest of drawers
comparer *v* to compare
compléter *v* to complete
comprendre *v* to understand
compter *v* to count
un **concombre** *nm* a cucumber
un **concours** *nm* a competition
la **confiture** *nf* jam
confortable *adj* comfortable
connaître *v* to know
un **conseil** *nm* a piece of advice
les **conserves** *nf* tinned food
une **consonne** *nf* a consonant
content/contente *adj* happy
continuer *v* to continue
le **contraire** *nm* the opposite
contre against

cent quarante-huit

148

FRANÇAIS–ANGLAIS

un **copain** nm a (boy)friend
une **copine** nf a (girl)friend
un/e **correspondant/ correspondante** nm/nf a penpal
correspondre v to correspond with, write to
corriger v to correct
à côté de beside
la **couleur** nf the colour
courageux/courageuse adj brave
le **courrier** nm the mail
un **cours** nm a lesson
les **courses** nf the shopping
court/courte adj short
un **cousin** nm a cousin (male)
une **cousine** nf a cousin (female)
coûter v to cost
un **crayon** nm a pencil
créer v to create
la **crème** nf cream
la **créole** nf a language formed by a mix of French with local dialects
une **crêpe** nf a pancake
une **crêperie** nf a pancake restaurant
un **croque-monsieur** nm a toasted ham and cheese sandwich
la **cuisine** nf the kitchen, cooking
curieux/curieuse adj curious
le **cyclisme** nm cycling

D

d'abord first
d'accord OK
dangereux/dangereuse adj dangerous
dans in
la **danse** nf dance
danser v to dance
la **date** nf the date
de from, of
un **dé** nm a die
debout standing up
décembre December
déclarer v to declare
décorer v to decorate
découper v to cut out
découvrir v to discover
décrire v to describe
un **défaut** nm a fault
déjà already
le **déjeuner** nm (school) dinner/lunch
demain tomorrow
demander v to ask
un **demi** nm half
un **demi-frère** nm a half-brother, a step-brother
une **demi-sœur** nf a half-sister, a step-sister
le **départ** nm the start
un **département français** nm a French county
depuis since
dernier/dernière adj last
derrière behind
derrière elle behind her
derrière lui behind him
désiré/désirée adj desired
désirer v to wish for, desire
désolé/désolée adj sorry
le **désordre** nm a mess
le **dessert** nm dessert
un **dessin** nm a drawing
le **dessin** nm Art
dessiner v to draw
détester v to hate
deux two
le **deux mars** the second of March
deuxième adj second
devant in front of
deviner v to guess
les **devoirs** nm homework
un **dictionnaire** nm a dictionary
difficile adj difficult
dimanche Sunday
le **dîner** nm evening meal
dire v to say
discuter v to discuss
une **dispute** nf an argument
distrait/distraite adj absent-minded, distracted
divorcé/divorcée adj divorced
dix ten
donner v to give
dormir v to sleep
douze twelve
drôle adj funny
dur/dure adj hard
dynamique adj dynamic

E

l' **eau** nf water
l' **eau minérale** nf mineral water
un **échange** nm an exchange
échanger v to swap
les **échecs** nm chess
une **école** nf a school
l' **école maternelle** nf nursery school
l' **école primaire** nf primary school
écossais/écossaise adj Scottish
l' **Écosse** nf Scotland
écouter v to listen
écrire v to write
l' **écriture** nf (hand)writing
une **église** nf a church
électrique adj electric
un **éléphant** nm an elephant
un/une **élève** nm/nf a pupil
elle she, her
une **émission** nf a programme
un **emploi** nm a job
un **emploi du temps** nm a timetable
emprunter v to borrow
en in
encore again, more
un **endroit** nm a place
énergique adj energetic
un **enfant** nm a child
enfin at last
ennuyeux/ennuyeuse adj boring
énorme adj enormous
une **enquête** nf a survey
enregistrer v to record
ensuite then
entendre v to hear
l' **entraînement** nm training
entre between
une **entrée** nf a starter, a hallway
j'ai **envie de** I feel like

Vocabulaire

environ about, approximately
épeler *v* to spell
l' **EPS** = l' **éducation physique et sportive** *nf* PE/games
une équipe *nf* a team
l' équitation *nf* horse riding
une erreur *nf* a mistake
l' escalade *nf* mountain climbing
l' espace *nm* space
l' Espagne *nf* Spain
espagnol/espagnole *adj* Spanish
tu es you are
il/elle/on est he/she/one is
l' est *nm* the east
et and
Et toi? How about you?
un étage *nm* a storey, a floor
une étagère *nf* a shelf
les États-Unis *nm* the United States
l' été *nm* summer
vous êtes you are
être *v* to be
les études *nf* studies
un étudiant *nm* a student
euh erm (used for hesitation)
un euro *nm* a euro (unit of currency)
l' Europe *nf* Europe
excusez-moi excuse me
un exemple *nm* an example
exister *v* to exist
une explication *nf* an explanation
expliquer *v* to explain
un extrait *nm* an extract
extraordinaire *adj* extraordinary

F

fabriquer *v* to make
en face de opposite
facile *adj* easy
la faim *nf* hunger
j'ai faim I'm hungry
faire *v* to make, to do
je/tu fais I/you make, do
nous faisons we make, do
il/elle/on fait he/she/one makes, does
vous faites you make, do
familiale *adj* family
une famille *nf* a family
un/e fana *nm/nf* a fan
un fantôme *nm* a ghost
la farine *nf* flour
fatigant/fatigante *adj* tiring
fatigué/fatiguée *adj* tired
fauché/fauchée *adj* broke
il faut you have to, you ought to
faux/fausse *adj* false, wrong
favori/favorite *adj* favourite
féminin/féminine *adj* feminine
une femme *nf* a woman
une ferme *nf* a farm
fermé/fermée *adj* shut, closed
fermer *v* to close
une fête *nf* a party, a festival
fêter *v* to celebrate
une feuille *nf* a sheet of paper, a leaf
un feutre *nm* a felt-tip pen
février February
une fiche *nf* a form
une fille *nf* a girl, a daughter
une fille unique *nf* an only child (girl)
un film *nm* a film
un fils *nm* a son
un fils unique *nm* an only child (boy)
la fin *nf* the end
finalement finally
fini/finie *adj* finished
finir *v* to finish
une fleur *nf* a flower
un fleuve *nm* a river
ils/elles font they make, do
le foot(ball) *nm* football
le footballeur *nm* footballer
un fôret *nm* a forest
formidable *adj* great, fantastic
fort/forte *adj* strong
fou/folle *adj* mad
frais/fraîche *adj* fresh
une fraise *nf* a strawberry
le français *nm* French
français/française *adj* French
francophone *adj* French-speaking
un frère *nm* a brother
un frigo *nm* a fridge
frisé/frisée *adj* curly
des frites *nf* chips
froid/froide *adj* cold
le fromage *nm* cheese
un fruit *nm* a fruit

G

gagner *v* to win, to earn
une galerie *nf* a gallery
une galette *nf* a cake, a pancake
un garçon *nm* a boy
un gâteau *nm* a cake
en général in general
le général *nm* general
généralement generally
génial/géniale *adj* great, fantastic
des gens *nm* people
gentil/gentille *adj* nice
la géographie *nf* Geography
une glace *nf* an ice-cream
le glossaire *nm* glossary
une gomme *nf* a rubber
le goûter *nm* afternoon tea
un gouvernement *nm* a government
la grammaire *nf* grammar
un gramme *nm* a gramme
grand/grande *adj* big, tall
la Grande-Bretagne *nf* Great Britain
une grand-mère *nf* a grandmother
les grands-parents *nm* grandparents
un grand-père *nm* a grandfather
gras/grasse *adj* fatty, greasy
en gras in bold
gratuit/gratuite *adj* free
une grille *nf* a grid
grillé/grillée *adj* grilled, toasted
gris/grise *adj* grey
gros/grosse *adj* plump, fat

FRANÇAIS–ANGLAIS

une **guitare** *nf* a guitar
le **gymnase** *nm* gym(nasium)
la **gymnastique** *nf* gymnastics, exercises

H

un **habitant** *nm* an inhabitant
habiter *v* to live
un **hamburger** *nm* a hamburger
un **hamster** *nm* a hamster
hanter *v* to haunt
haut/haute *adj* high, tall
à **haute voix** aloud
une **héroïne** *nf* a heroine
un **héros** *nm* a hero
hésiter *v* to hesitate
une **heure** *nf* an hour
à deux **heures** at two o'clock
heureux/heureuse *adj* happy
hier yesterday
l' **histoire** *nf* History
l' **hiver** *nm* winter
le **hockey sur glace** *nm* ice hockey
un **homme** *nm* a man
l' **hôpital** *nm* hospital
un **horaire** *nm* a timetable
horrible *adj* terrible, awful
un **hot-dog** *nm* a hot-dog
un **hôtel** *nm* a hotel
huit eight
une **humeur** *nf* a mood, humour

I

ici here
idéal/idéale *adj* ideal
une **idée** *nf* an idea
identifier *v* to identify
une **identité** *nf* an identity
il he, it
il était he was
une **île** *nf* an island
un **iguane** *nm* an iguana
illustré/illustrée *adj* illustrated
ils they
il n'y a pas de/d' there isn't/there aren't
il y a there is/there are
une **image** *nf* a picture

imaginer *v* to imagine
imiter *v* to imitate, copy
un **immeuble** *nm* a block of flats
impoli/impolie *adj* rude, impolite
indiquer *v* to show
un **infinitif** *nm* an infinitive
les **informations** *nf* information, the news
l' **informatique** *nf* computing, ICT
les **infos** *nf* the news
intelligent/intelligente *adj* intelligent
intéressant/intéressante *adj* interesting
l' **Internet** *nm* the Internet
interrogatif/interrogative *adj* interrogative
interviewer *v* to interview
l' **intrus** *nm* the odd-one-out
inviter *v* to invite
un/e **invité/invitée** *nm/nf* a guest, a visitor
irlandais/irlandaise *adj* Irish
l' **Irlande** *nf* Ireland
l' **Irlande du Nord** *nf* Northern Ireland
irrégulier/irrégulière *adj* irregular
l' **Italie** *nf* Italy
italien/italienne *adj* Italian

J

j' I
j'ai I have
jamais never
le **jambon** ham
janvier January
un **jardin** *nm* a garden
jaune *adj* yellow
je I
un **jean** *nm* a pair of jeans
jeter *v* to throw
un **jeu** *nm* a game
un **jeu de rôle** roleplay
jeudi Thursday
jeune *adj* young
un/e **jeune** *nm/nf* a young person

joli/jolie *adj* pretty
jouer *v* to play
un **jouet** *nm* a toy
un **jour** *nm* a day
tous les **jours** every day
une **journée** *nf* a day
le **judo** *nm* judo
juillet July
juin June
un **jumeau** *nm* a twin
un **jus** *nm* a juice
un **jus d'orange** *nm* an orange juice
jusqu'à until
juste fair, just

K

un **kilo** *nm* a kilo
un **kilomètre** *nm* kilometre
un **kiwi** *nm* a kiwi fruit

L

l' the
la the
là there
là-bas over there
un **lac** *nm* a lake
le **lait** *nm* milk
une **lampe** *nf* a lamp
lancer *v* to throw
une **langue** *nf* a language
un **lapin** *nm* a rabbit
laquelle which
le the
la **leçon** *nf* lesson
un **lecteur** *nm* a reader (male)
une **lectrice** *nf* a reader (female)
la **lecture** *nf* reading
la **légende** *nf* the key (to a map)
un **légume** *nm* a vegetable
lequel which
les the
une **lettre** *nf* a letter
leur their
lever *v* to lift, raise
une **limonade** *nf* a lemonade
lire *v* to read
une **liste** *nf* a list
une **liste d'achats** *nf* a shopping list

151

Vocabulaire

un **lit** *nm* a bed
un **livre** *nm* a book
loin far
un **loisir** *nm* a leisure activity
Londres London
long/longue *adj* long
lui him
lundi Monday
des **lunettes** *nf* glasses
le **lycée** *nm* Sixth Form college

M

ma my
madame Mrs, madam
mademoiselle Miss
un **magasin** *nm* a shop
un **magazine** *nm* magazine
mai May
un **mail** *nm* an email
mais but
une **maison** *nf* a house
à la **maison** at home
une **majorité** *nf* a majority
mal badly
maman *nf* Mum, Mummy
mamie *nf* Granny
manger *v* to eat
un **marché** *nm* a market
mardi Tuesday
le **Mardi Gras** *nm* French equivalent of Shrove Tuesday
marrant/marrante *adj* funny
marron *adj* brown
mars March
masculin *adj* masculine
un **match** *nm* a match
un **match de foot** *nm* a football match
les **maths** *nm* Maths
une **matière** *nf* a subject
le **matin** *nm* morning
mauvais/mauvaise *adj* bad
il fait **mauvais** the weather's dull
la **mayonnaise** *nf* mayonnaise
méchant/méchante *adj* naughty, evil
meilleur/meilleure *adj* best
un **membre** *nm* a member
même same, even
la **mémoire** *nf* memory

mémoriser *v* to memorize, learn by heart
mentionné/mentionnée *adj* mentioned
la **mer** *nf* the sea
merci thank you
mercredi Wednesday
une **mère** *nf* a mother
mes my
la **météo** *nf* weather forecast
mettre *v* to put
un **meuble** *nm* an item of furniture
miam! miam! yum!
midi midday, lunchtime
le **miel** *nm* honey
le **milieu** *nm* the middle
un **milk-shake** *nm* a milkshake
mince *adj* thin, slim
minuit midnight
moche *adj* awful
un **modèle** *nm* a model
moderne *adj* modern
moi me
moins less
au **moins** at least
un **mois** *nm* a month
en ce **moment** at the moment
mon my
le **monde** *nm* the world
tout le **monde** everybody
monsieur Mr, sir
montrer *v* to show
mort/morte *adj* dead
une **mosquée** *nf* a mosque
un **mot** *nm* a word
un **mot-clé** *nm* a key word
moyen/moyenne *adj* average
un **mur** *nm* a wall
la **musculation** *nf* weight training
un **musée** *nm* a museum
la **musique** *nf* music

N

nager *v* to swim
la **naissance** *nf* birth
la **natation** *nf* swimming
la **nationalité** *nf* nationality
la **nature** *nf* nature
né/née *adj* born

négatif/négative *adj* negative
la **neige** *nf* snow
il **neige** it's snowing
neuf nine
le **Noël** *nm* Christmas
noir/noire *adj* black
un **nom** *nm* a name, noun
un **nombre** *nm* a number
nombreux/nombreuse *adj* numerous, many
nommer *v* to name
non no
le **nord** *nm* the north
le **nord-est** *nm* the north-east
le **nord-ouest** *nm* the north-west
normalement normally
nos our
noter *v* to note
nous we, us
nouveau/nouvelle *adj* new
la **Nouvelle-Calédonie** *nf* New Caledonia
novembre November
nul nil
c'est **nul** it's rubbish
un **numéro** *nm* a number, an edition (of a magazine)

O

un **objet** *nm* an object
observer *v* to observe
s' **occuper** *v* to look after
octobre October
un **œil** *nm* an eye
les **yeux** *nm* eyes
un **œuf** *nm* an egg
un **office de tourisme** *nm* tourist office
officiel/officielle *adj* official
une **offre** *nf* an offer
offrir *v* to offer, give as a present
une **omelette** *nf* an omelette
on we, people, one
un **oncle** *nm* an uncle
ils/elles **ont** they have
onze eleven
une **opinion** *nf* an opinion
optimiste *adj* optimistic
un **orage** *nm* a storm

FRANÇAIS–ANGLAIS

une **orange** *nf* an orange
un **ordinateur** *nm* a computer
un **ordre** *nm* an order
    dans le bon ordre in the right order
organiser *v* to organize
ou or
où where
Ouah! Wow!
l' **ouest** *nm* the west
oui yes
ouvert/ouverte *adj* open
ouvrir *v* to open

P

la **page** *nf* page
le **pain** *nm* bread
une **paire** *nf* a pair
le **papier** *nm* paper
le **Pâques** *nm* Easter
un **paquet** *nm* a packet
par by
un **paragraphe** *nm* a paragraph
un **parc** *nm* a park
parce que because
pardon sorry
les **parents** *nm* parents
paresseux/paresseuse *adj* lazy
parfait/parfaite *adj* perfect
parfois sometimes
le **parfum** *nm* perfume, flavour
parler *v* to talk
parmi among
partager *v* to share
un/une **partenaire** *nm/nf* a partner
participer *v* to take part
partir *v* to leave
partout everywhere
pas not
passer *v* to spend time
un **passe-temps** *nm* a hobby
le **pâté** *nm* pâté
patient/patiente *adj* patient
pauvre *adj* poor
un **pays** *nm* a country
le **Pays de Galles** *nm* Wales
la **pêche** *nf* fishing
une **peinture** *nf* a painting
pendant during
pénible *adj* awful

penser *v* to think
perdre *v* to lose
perdu/perdue *adj* lost
un **père** *nm* a father
une **perruche** *nf* a budgie
un **personnage** *nm* a character
la **personnalité** *nf* personality
la **pétanque** *nf* type of bowls game
petit/petite *adj* small
un **petit ami** *nm* a boyfriend
une **petite amie** *nf* a girlfriend
le **petit déjeuner** *nm* breakfast
des **petits pois** *nm* peas
un **peu** *nm* a little
il/elle/on **peut** he/she/they can
ils/elles **peuvent** they can
je/tu **peux** I/you can
une **photo** *nf* a photograph
une **phrase** *nf* a sentence
la **physique** *nf* Physics
physiquement physically
une **pièce** *nf* a room, a coin
le **ping-pong** *nm* table tennis
un **pique-nique** *nm* a picnic
une **piscine** *nf* a swimming pool
la **pizza** *nf* pizza
une **plage** *nf* a beach
plaît: s'il te/vous plaît please
un **plan** *nm* a map
un **plat** *nm* a dish
un **plat principal** *nm* a main dish
plein/pleine *adj* full
en plein air outside
il **pleut** it's raining
la **pluie** *nf* rain
pluriel/plurielle *adj* plural
plus more, plus
plusieurs *adj pl* several
un **poème** *nm* a poem
un **poisson** *nm* a fish
poli/polie *adj* polite
la **police** *nf* police
poliment politely
une **pomme** *nf* an apple
le **porc** *nm* pork
un **port** *nm* a harbour, a port
un **port de plaisance** *nm* a marina
un **portable** *nm* a mobile phone

une **porte** *nf* a door
porter *v* to wear
une **portion** *nf* a portion
poser *v* to put
positif/positive *adj* positive
la **poste** *nf* the post office
un **poulet** *nm* a chicken
pour for
pourquoi why
pratique *adj* practical
la **préférence** *nf* preference
préféré/préférée *adj* favourite
préférer *v* to prefer
un **préfet** *nm* a prefect
premier/première *adj* first
prendre *v* to take
les **préparatifs** *nf* preparations
préparer *v* to prepare
près near
présenter *v* to present
presque nearly
les **prévisions** *nf, pl* weather forecast
le **printemps** *nm* spring
un **prix** *nm* a price, a prize
un **problème** *nm* a problem
prochain/prochaine *adj* next
proche close, near
un **prof/une prof** *nm/nf* a teacher
un **professeur** *nm* a teacher
un **projet** *nm* a project
une **promenade** *nf* a walk
prononcer *v* to pronounce
la **prononciation** *nf* pronunciation
publicitaire advertising
une **publicité** *nf* an advertisement
puis then
la **purée** *nf* mashed potato

Q

qu'est-ce que what
la **qualité** *nf* quality
quand when
une **quantité** *nf* a quantity
quarante forty
un **quart** *nm* a quarter
un **quartier** *nm* an area

cent cinquante-trois

153

Vocabulaire

quatorze fourteen
quatre four
quatre-vingts eighty
quatre-vingt-deux eighty-two
quatre-vingt-dix ninety
que that, what, which
québécois/québécoise adj from Quebec
quel/quelle which
quelque chose something
quelquefois sometimes
quelques some, a few
quelqu'un somebody
une **question** nf a question
qui who
quinze fifteen
quoi what
quotidien/quotidienne adj daily

R

le **racisme** nm racism
raconter v to tell
la **radio** nf radio
raide adj straight
les **raisins** nm grapes
raisonnable adj reasonable
une **randonnée** nf a walk
faire de la **randonnée** to go walking
ranger v to tidy
râpé/râpée adj grated
rapide adj fast
la **réception** nf reception
recopier v to copy out
le **record** nm record
la **récréation** nf break time
réécouter v to listen again
un **refrain** nm a chorus
regarder v to look, watch
un **régime** nm a diet
une **région** nf an area, a region
une **règle** nf a ruler, a rule
régulier/régulière adj regular
une **reine** nf a queen
relaxer v to relax
relier v to join
la **religion** nf religion
relis reread
remets put back

remplir v to fill in
un **rendez-vous** nm a meeting, a date
les **renseignements** nm information
la **rentrée** nf back to school time (September)
rentrer v to return
un **repas** nm a meal
répéter v to repeat
une **répétition** nf a rehearsal
répondre v to answer, to reply
une **réponse** nf an answer
un **reportage** nm a report
ressembler v to look like
un **restaurant** nm a restaurant
rester v to stay
un **résultat** nm a result
en **retard** late
retrouver v to meet
une **réunion** nf a meeting
un **rêve** nm a dream
réviser v to revise
au **revoir** goodbye
revoir v to see again
le **rez-de-chaussée** nm ground floor
rien nothing
une **rivière** nf a river
le **riz** nm rice
un **roi** nm a king
rond/ronde adj round
rose adj pink
un **rôti** nm a roast
rouge adj red
une **route** nf road, route
roux/rousse adj red-haired
une **rue** nf a road
le **rugby** nm rugby

S

s'appeler v to be called
sa his, her
le **sable** nm sand
un **sac** nm a bag
un **sac à dos** nm a rucksack
sage adj well-behaved
la **Saint-Valentin** nf Valentine's Day
je/tu **sais** I/you know

une **saison** nf a season
il/elle/on **sait** he/she/one knows
une **salade** nf a salad, a lettuce
salé/salée adj salted
une **salle** nf a room
une **salle de bains** nf a bathroom
un **salon** nm a living room
salut hello
samedi Saturday
un **sandwich** nm a sandwich
un **sandwich au fromage** nm a cheese sandwich
un **sandwich au jambon** nm a ham sandwich
sans without
la **santé** nf health
scolaire adj school
une **séance** nf a performance, a meeting
le **secours** nm help, aid
Au **secours!** Help!
sec/sèche adj dry
seize sixteen
un **séjour** nm a living room
une **semaine** nf a week
le **Sénégal** nm Senegal
sept seven
septembre September
une **série** nf a series
sérieux/sérieuse adj serious
un **serpent** nm a snake
ses his, her
seulement only
si if
un **siècle** nm a century
un **signe du zodiaque** nm a sign of the Zodiac
silencieux/silencieuse adj silent
singulier/singulière adj singular
un **site web** nm a website
situer v to be situated
sixième adj sixth
le **skate** nm skateboarding, skateboard
le **ski** nm skiing
une **sœur** nf a sister
la **soif** nf thirst
j'ai **soif** I'm thirsty
un **soir** nm an evening
soixante sixty

FRANÇAIS–ANGLAIS

soixante-dix seventy
le soleil *nm* sun
nous sommes we are
son his, her
un sondage *nm* a survey
sonner *v* to ring
ils/elles sont they are
une sortie *nf* an outing, an exit
sortir *v* to go out
souligné/soulignée *adj* underlined
une soupe *nf* a soup
une souris *nf* a mouse
sous under
le sous-sol *nm* basement
souterrain/souterraine *adj* underground
souvent often
les spaghetti *nm* spaghetti
spécial/spéciale *adj* special
la spécialité *nf* speciality
un spectacle *nm* a show
le sport *nm* sport
sportif/sportive *adj* sporty
un stade *nm* a stadium
une star *nf* a star/celebrity
stressé/stressée *adj* stressed
un stylo *nm* a pen
le sucre *nm* sugar
sucré/sucrée *adj* sweet
le sud *nm* the south
le sud-est *nm* the south-east
le sud-ouest *nm* the south-west
je suis I am
la Suisse *nf* Switzerland
suivant/suivante *adj* following
un sujet *nm* a subject
super great
un supermarché *nm* a supermarket
sur on
sûr/sûre *adj* sure, certain
surfer *v* to surf
surtout especially
sympa *adj* kind, nice

T

ta your
un tableau *nm* a board, a picture
la taille *nf* size

une tante *nf* an aunt
un tapis *nm* a carpet
tard *adj* late
une tarte *nf* a tart, a pie
une tartine *nf* a slice of bread and butter
une tasse *nf* a cup
la technologie *nf* Technology, DT
la télé *nf* TV
le téléphone *nm* the telephone
la télévision *nf* television
à la télévision on television
le temps *nm* the weather, time
le tennis *nm* tennis
terminer *v* to finish, to end
tes your
un texte *nm* a text
un thé *nm* a cup of tea
un théâtre *nm* a theatre
le thon *nm* tuna
timide *adj* shy
un titre *nm* a title
toi you
les toilettes *nf* the toilets
une tomate *nf* a tomato
ton your
une tortue *nf* a tortoise
toujours always
à tour de rôle take it in turns
un/une touriste *nm, nf* a tourist
touristique *adj* for tourists
tous all
tout/toute *adj* all
une traduction *nf* a translation
une tranche *nf* a slice
le travail *nm* work
travailler *v* to work
treize thirteen
trente thirty
très very
triste *adj* sad
trois three
le trois mai the third of May
troisième *adj* third
trop too
une trousse *nf* a pencil-case
trouver *v* to find
tu you (to a friend or close relative)
la Tunisie *nf* Tunisia
typique *adj* typical

U

un/une a, an, one
une unité *nf* a unit
l' univers *nm* universe
utiliser *v* to us

V

il/elle/on va he/she/one goes
les vacances *nf* holidays
je vais I go
la vanille *nf* vanilla
tu vas you go
une vedette *nf* a star, celebrity
un vélo *nm* a bike
faire du vélo to go cycling
végétarien/végétarienne *adj* vegetarian
vendredi Friday
tu vends you sell
venir *v* to come
le vent *nm* wind
un verbe a verb
vérifier *v* to check
un verre *nm* a glass
vert/verte *adj* green
les vêtements *nm* clothes
il/elle/on veut he/she/one wants
je veux I want
la viande *nf* meat
une vidéo *nf* a video
vieux/vieille *adj* old
un village *nm* a village
la ville *nf* town
en ville in town, into town
violent/violente *adj* violent
une ville *nf* a town
le vin *nm* wine
vingt twenty
une visite *nf* a visit
visiter *v* to visit
vite quick
vivre *v* to live
le vocabulaire *nm* vocabulary
voici here is/are
voilà there is/are
la voile *nf* sailing
voir *v* to see
un/une voisin/voisine *nm/nf* a neighbour

cent cinquante-cinq

155

Vocabulaire

une **voiture** *nf* a car
une **voix** *nf* a voice
à haute **voix** aloud
un **volcan** *nm* a volcano
ils/elles **vont** they go
vos your
votre your
je/tu **voudrais** I/you would like
il/elle/on **voudrait** he/she/one would like
vous you (to an adult you don't know well, or to more than one person)
un **voyage** *nm* a journey
une **voyelle** *nf* a vowel
vrai/vraie *adj* true
vraiment really
un **VTT (vélo tout terrain)** *nm* a mountain bike
une **vue** *nf* a view

W

le **week-end** *nm* weekend

Y

y there
un **yaourt** *nm* a yoghurt
les **yeux** *nm, pl* eyes

Vocabulaire

anglais–français

ANGLAIS–FRANÇAIS

adj adjective
nm masculine noun
nf feminine noun
pl plural
v verb

A

a un/une
a little bit un peu
afternoon l'après-midi *nm*
also aussi
always toujours
I **am...** je suis...
I **am (11).** J'ai (11) ans.
and et
animal un animal *nm*
animals les animaux
apple une pomme *nf*
April avril
Are there...? Il y a...?
you **are** tu es (*to a friend or relative*); vous êtes (*to more than one person, someone you don't know*)
Art le dessin *nm*
at à
at the weekend le week-end
athletics l'athlétisme *nm*
August août
aunt la tante *nf*
autumn l'automne *nm*

B

bag le sac *nm*
bathroom la salle de bains *nf*
to **be** être *v*
beach la plage *nf*
because parce que
bed le lit *nm*
bedroom la chambre *nf*
behind derrière
between... (and...) entre... (et...)
big grand/grande *adj*
Biology la biologie *nf*
birthday l'anniversaire *nm*
biscuit un biscuit *nm*
a little **bit** un peu
black noir/noire *adj*
block of flats l'immeuble *nm*
blond blond/blonde *adj*
blue bleu/bleue *adj*
book le livre *nm*
bookshelf l'étagère *nf*
boring ennuyeux/ennuyeuse *adj*
bottle une bouteille *nf*
brave courageux/courageuse *adj*
brother un frère *nm*
brown brun/brune (*hair*); marron (*eyes*) *adj*
budgie une perruche *nf*
but mais
butter le beurre *nm*

C

café le café *nm*
cake le gâteau *nm*
calculator la calculatrice *nf*
I am **called...** Je m'appelle...
You are **called...** Tu t'appelles...
Canada le Canada *nm*
carrots les carottes *nf*
cat le chat *nm*
centre le centre *nm*
chair la chaise *nf*
cheese le fromage *nm*
Chemistry la chimie *nf*
chest of drawers la commode *nf*
chicken le poulet *nm*
church l'église *nf*
cinema le cinéma *nm*
It is **cloudy.** Il fait gris.
coffee le café *nm*
coke le coca *nm*
It is **cold.** Il fait froid.
colour la couleur *nf*
computer l'ordinateur *nm*
country le pays *nm*
countryside la campagne *nf*
cousin (boy) le cousin *nm*
cousin (girl) la cousine *nf*
crisps les chips *nm*
cucumber le concombre *nm*
curly frisé/frisée *adj*
cycling le vélo *nm*
to go **cycling** faire (*v*) du vélo

D

dancing la danse *nf*
December décembre
desk le bureau *nm*
dictionary le dictionnaire *nm*
difficult difficile *adj*
dining room la salle à manger *nf*
dinner le dîner *nm*
to **do** faire *v*
Do you have...? Tu as...? (*to a friend or relative*); Vous avez...? (*to more than one person, someone you don't know*)
dog le chien *nm*
drama l'art dramatique *nm*
drawers une commode *nf*
to **drink** boire *v*

E

east l'est *nm*
to **eat** manger *v*
eggs les œufs *nm*
England l'Angleterre *nf*
English anglais/anglaise *adj*
(in the) **evening** le soir *nm*
exercise book le cahier *nm*
eyes les yeux *nm, pl*

F

false faux/fausse *adj*
farm une ferme *nf*
father le père *nm*
favourite préféré/préférée *adj*
February février
felt-tip pens les feutres *nm*
to **finish** finir *v*
first le premier *nm*
fish le poisson *nm*
fishing la pêche *nf*
a **flat** un appartement *nm*
It is **foggy.** Il y a du brouillard.
football le foot(ball) *nm*
for pour
France la France *nf*
It is **freezing.** Il gèle.
French français/française *adj*
(on) **Friday** vendredi

cent cinquante-sept

157

Vocabulaire

friend (**male**) un ami/un copain *nm*
friend (**female**) une amie/une copine *nf*
friends les amis; les copains
in **front of** devant
fun amusant/amusante *adj*
funny marrant/marrante *adj*

G

garden le jardin *nm*
generally généralement; en général
generous généreux/généreuse *adj*
Geography la géographie *nf*
German l'allemand *nm*
ginger (**hair**) (les cheveux) roux *adj*
glass un verre *nm*
to **go** aller *v*
goldfish un poisson rouge *nm*
golf le golf *nm*
goodbye au revoir; salut
gram un gramme *nm*
grandfather le grand-père *nm*
grandmother la grand-mère *nf*
grandparents les grands-parents *nm*
Great! Super! Génial!
green vert/verte *adj*
grey gris/grise *adj*
guinea pig le cochon d'Inde *nm*

H

hair les cheveux *nm*
half demi/demie *adj*
half-brother le demi-frère *nm*
half-sister la demi-sœur *nf*
ham le jambon *nm*
hamburger un hamburger *nm*
hamster un hamster *nm*
happy birthday! bon anniversaire!
harbour le port *nm*
hard difficile *adj*
hard-working travailleur/travailleuse *adj*

he/she has il/elle a
to **hate** détester *v*
to **have** avoir *v*
I **have** j'ai
I **don't have** je n'ai pas de
they have ils/elles ont
we have (**informal**) on a
we have (**formal**) nous avons
you have (**informal**) tu as
you have (**formal**) vous avez
Have you got any pets (at home)? Tu as un animal (chez toi)?
he il
he is il est
Hello Bonjour
her son, sa, ses
here is/here are voici
Here it is! Voilà!
Hi! Salut!
his son, sa, ses
History l'histoire *nf*
hobbies les passe-temps *nm*
to do **homework** faire (*v*) les devoirs
horse(s) le cheval (les chevaux) *nm*
to go **horse riding** faire (*v*) de l'équitation
hot chaud/chaude
It is hot. Il fait chaud.
hot chocolate le chocolat chaud *nm*
hour une heure *nf*
house la maison *nf*
How are you? Ça va?
How much? Combien?
How old are you? Tu as quel âge? (*to a friend or relative*); Vous avez quel âge? (*to more than one person or someone you don't know*)

I

I je
I am je suis
I am (11). J'ai (11) ans.
I don't have... je n'ai pas de...
I don't like... je n'aime pas...
I hate je déteste
I have j'ai

I like j'aime
I live in (**town**) j'habite à
I love j'adore
I'd like je voudrais
I'm fine. Ça va.
I'm sorry. Je suis désolé/désolée.
ice hockey le hockey sur glace *nm*
ice skating le patinage *nm*
ice-cream la glace *nf*
ICT l'informatique *nf*
in (**France**) en (France)
in (**my bag**) dans (mon sac)
in front of devant
in the country à la campagne
in the suburbs dans la banlieue
in town en ville
intelligent intelligent/intelligente *adj*
interesting intéressant/intéressante *adj*
Internet l'Internet *nm*
Ireland l'Irlande *nf*
Is there...? Il y a...?
it ça
it's... c'est...
it's a... c'est un/une...
It's (two) o'clock. Il est (deux) heures.
It's five past (two). Il est (deux) heures cinq.
It's five to (two). Il est (deux) heures moins cinq.
It's ten past (two). Il est (deux) heures dix.
It's twenty past (two). Il est (deux) heures vingt.
It's twenty to (two). Il est (deux) heures moins vingt.
It's ten to (two). Il est (deux) heures moins dix.
It's OK. Bof. Ça va.
it's spelt... ça s'écrit...

J

jam la confiture *nf*
January janvier

ANGLAIS–FRANÇAIS

July juillet
June juin

K

kilo un kilo *nm*
kitchen la cuisine *nf*

L

lamp une lampe *nf*
last weekend le week-end dernier
lazy paresseux/paresseuse *adj*
lemonade la limonade *nf*
lesson un cours *nm*
library la bibliothèque *nf*
I **like** j'aime
I don't **like...** je n'aime pas...
to **listen to music** écouter (*v*) de la musique
to **live** habiter *v*
living room le salon *nm*
long long/longue *adj*
to **look at** regarder *v*
lots of beaucoup de
I **love** j'adore
lunch le déjeuner *nm*

M

Madam (Mrs) Madame
to **make** faire *v*
March mars
Maths les maths *nm*
May mai
Me too. Moi aussi.
to **meet friends** retrouver (*v*) des amis
midday midi
milk le lait *nm*
milk-shake un milk-shake *nm*
mineral water l'eau minérale *nf*
Miss Mademoiselle
(on) **Monday** lundi
morning le matin *nm*
mother la mère *nf*
mouse la souris *nf*
museum le musée *nm*
music la musique *nf*

my mon, ma, mes
my birthday's on... mon anniversaire, c'est le...
my house chez moi
my name is... je m'appelle...

N

(first) **name** le prénom *nm*
nice sympa *adj*
no non
no, thank you non, merci
north le nord *nm*
November novembre

O

October octobre
of de
OK d'accord
on sur
one un/une
one hundred cent
only child (female) fille unique (*girl*) *nf*
only child (male) fils unique (*boy*) *nm*
opinion l'opinion *nf*
or ou
orange (fruit) une orange *nf*
orange (colour) orange *adj*
orange juice un jus d'orange *nm*

P

packet un paquet *nm*
pancake une crêpe *nf*
pancake restaurant une crêperie *nf*
parents les parents *nm*
park le parc *nm*
pâté le pâté *nm*
patient patient/patiente *adj*
PE l'EPS *nm*; le sport *nm*
peas les petits pois *nm*
pen un stylo *nm*
pencil un crayon *nm*
pencil case une trousse *nf*
pencil sharpener un taille-crayon *nm*
Physics la physique *nf*

pink rose *adj*
pizza la pizza *nf*
to **play sport** faire (*v*) du sport
playground une aire de jeux, la cour *nf*
please s'il te plaît (*to a friend or relative*); s'il vous plaît (*to more than one person or someone you don't know*)

Q

It's **quarter past (two).** Il est (deux) heures et quart.
It's **quarter to (three).** Il est (trois) heures moins le quart.
quiet calme *adj*
quite assez

R

rabbit un lapin *nm*
It's **raining.** Il pleut.
RE l'instruction religieuse *nf*
reading la lecture *nf*
really vraiment
red rouge *adj*
rock climbing faire (*v*) de l'escalade
rubber une gomme *nf*
rugby le rugby *nm*
ruler une règle *nf*

S

to go **sailing** faire (*v*) de la voile
sandwich un sandwich *nm*
(on) **Saturday** samedi
school le collège *nm*
science les sciences *nf*
scissors les ciseaux *nm*
Scotland l'Écosse *nf*
the **second (of May)** le deux (Mai)
See you soon. À bientôt.
sensible sérieux/sérieuse, sage *adj*
September septembre
she elle
she is... elle est...

cent cinquante-neuf

159

Vocabulaire

shelves une étagère *nf*
short (hair) (les cheveux) courts
shy timide *adj*
Sir (Mr) Monsieur
sister une sœur *nf*
sitting room le salon *nm*
to go **skateboarding** faire (*v*) du skate
slice une tranche *nf*
slim mince *adj*
small petit/petite *adj*
snake un serpent *nm*
It's **snowing.** Il neige.
some des
sometimes quelquefois
soup la soupe *nf*
south le sud *nm*
Spanish l'espagnol *nm*
it's **spelt...** ça s'écrit...
to do **sport** faire (*v*) du sport
sports centre le centre sportif *nm*
sporty sportif/sportive *adj*
Spring le printemps *nm*
to **start** commencer *v*
step-brother le demi-frère *nm*
step-father le beau-père *nm*
step-mother la belle-mère *nf*
step-sister la demi sœur *nf*
It's **stormy.** Il y a de l'orage.
straight (hair) (les cheveux) raides
suburbs la banlieue *nf*
sugar le sucre *nm*
Summer l'été *nm*
sun le soleil *nm*
(on) **Sunday** dimanche
It's **sunny.** Il y a du soleil.
super super
supermarket le supermarché *nm*
to go **surfing** faire (*v*) du surf
to go **swimming** faire (*v*) de la natation
swimming pool la piscine *nf*

T

table tennis le ping-pong *nm*
to **take** prendre *v*
tall grand/grande *adj*
tea (with milk) le thé (au lait) *nm*
teacher le professeur *nm*/la professeur *nf*
Technology la technologie *nf*
tennis le tennis *nm*
It's **terrible.** C'est nul.
thank you merci
the le/la/les
there is/are... il y a...
there isn't/aren't any... il n'y a pas de...
they ils/elles
on the **third (of May)** le trois (mai)
(on) **Thursday** jeudi
tin une boîte *nf*
tiring fatigant/fatigante *adj*
to à
today aujourd'hui
toilet les toilettes *nf*
tomatoes les tomates *nf*
tortoise une tortue *nf*
town la ville *nf*
town centre le centre-ville *nm*
true vrai/vraie *adj*
(on) **Tuesday** mardi
tuna le thon *nm*
TV la télé(vision) *nf*

U

uncle un oncle *nm*
under sous

V

very très
village un village *nm*
volleyball le volley-ball *nm*

W

Wales le pays de Galles *nm*
wardrobe une armoire *nf*
to **watch (TV)** regarder *v* (la télé)
water l'eau *nf*
water skiing le ski nautique *nm*
we on (*informal*); nous (*formal*)
weather le temps *nm*
(on) **Wednesday** mercredi
week la semaine *nf*
well bien
well-built gros/grosse *adj*
west l'ouest *nm*
What...? Qu'est-ce que...?
What about you? Et toi?
What is ... like? Comment est ...?
What is there in...? Qu'est-ce qu'il y a à...?
What's your name? Tu t'appelles comment?
When? Quand?
Where? Où?
Where are...? Où sont...?
Where do you live? Tu habites où?
Where is...? Où est...?
Which...? Quel...?/Quelle...?
white blanc/blanche *adj*
Who? Qui?
Why? Pourquoi?
to go **windsurfing** faire (*v*) de la planche à voile
It's **windy.** Il y a du vent.
Winter l'hiver *nm*
I **would like...** je voudrais...

Y

yellow jaune *adj*
yes oui
yes, I've got... oui, j'ai...
yesterday hier
you tu (*to a friend or relative*); vous (*to more than one person, someone you don't know*)
you are... tu es...; vous êtes...
your ton/ta/tes
your house chez toi
youth club le club des jeunes *nm*

cent soixante

160